FIRME SEUS PASSOS
PRINCÍPIOS BÍBLICOS PARA UMA VIDA FINANCEIRA ABUNDANTE

Editora Appris Ltda.
1.ª Edição - Copyright© 2024 do autor
Direitos de Edição Reservados à Editora Appris Ltda.

Nenhuma parte desta obra poderá ser utilizada indevidamente, sem estar de acordo com a Lei nº 9.610/98. Se incorreções forem encontradas, serão de exclusiva responsabilidade de seus organizadores. Foi realizado o Depósito Legal na Fundação Biblioteca Nacional, de acordo com as Leis nos 10.994, de 14/12/2004, e 12.192, de 14/01/2010.

Catalogação na Fonte
Elaborado por: Josefina A. S. Guedes
Bibliotecária CRB 9/870

```
T136f    Takayama, Itor I.
2024       Firme seus passos: princípios bíblicos para uma vida financeira abundante /
         / Itor I. Takayama. – 1. ed. – Curitiba: Appris, 2024.
            142 p. ; 23 cm.

            Inclui referências.
            ISBN 978-65-250-5715-6

            1. Finanças pessoais – Aspectos religiosos. 2. Vida cristã. 3. Religiosidade.
         I. Título.
                                                              CDD – 248.4
```

Appris editora

Editora e Livraria Appris Ltda.
Av. Manoel Ribas, 2265 – Mercês
Curitiba/PR – CEP: 80810-002
Tel. (41) 3156 - 4731
www.editoraappris.com.br

Printed in Brazil
Impresso no Brasil

Itor Takayama

FIRME SEUS PASSOS
PRINCÍPIOS BÍBLICOS PARA UMA VIDA FINANCEIRA ABUNDANTE

FICHA TÉCNICA

EDITORIAL	Augusto Coelho
	Sara C. de Andrade Coelho
COMITÊ EDITORIAL	Marli Caetano
	Andréa Barbosa Gouveia (UFPR)
	Jacques de Lima Ferreira (UP)
	Marilda Aparecida Behrens (PUCPR)
	Ana El Achkar (UNIVERSO/RJ)
	Conrado Moreira Mendes (PUC-MG)
	Eliete Correia dos Santos (UEPB)
	Fabiano Santos (UERJ/IESP)
	Francinete Fernandes de Sousa (UEPB)
	Francisco Carlos Duarte (PUCPR)
	Francisco de Assis (Fiam-Faam, SP, Brasil)
	Juliana Reichert Assunção Tonelli (UEL)
	Maria Aparecida Barbosa (USP)
	Maria Helena Zamora (PUC-Rio)
	Maria Margarida de Andrade (Umack)
	Roque Ismael da Costa Güllich (UFFS)
	Toni Reis (UFPR)
	Valdomiro de Oliveira (UFPR)
	Valério Brusamolin (IFPR)
SUPERVISOR DA PRODUÇÃO	Renata Cristina Lopes Miccelli
ASSESSORIA EDITORIAL	Bruna Holmen
REVISÃO	Josiana Araújo Akamine
DIAGRAMAÇÃO	Renata Cristina Lopes Miccelli
CAPA	Itor Takayama

Os passos do homem são dirigidos pelo Senhor.

(Provérbios 20:24 – NVI)

PREFÁCIO

Conheci Itor no início de um ministério com empresários em nossa igreja. Sua visão do Reino, seu potencial e otimismo, capacidade e habilidade profissional era notório. E ainda sendo um homem de Deus teria que ser compartilhada sua experiência com outros. Fico feliz por este livro poder fazer isso, uma obra com conteúdos e princípios que propõem a ajudar você, estudioso no campo dos negócios, finanças e crescimento a trabalhar com mais eficiência e produtividade na sua área de atuação.

Os cinco princípios valiosos contidos nesta obra revelam que: nunca vamos ganhar de Deus no quesito **generosidade**; sábios **propósitos** conduzem a um crescimento sustentável; a **integridade** é o que deve nos impulsionar a avançar, uma vez que não existe nada mais importante que a, atitude com motivação correta; ter um coração ensinável em constante **aprendizado** é uma grande virtude e, finalmente, a honra é a arte de servir bem nossos **relacionamentos**.

Recomendo com força a leitura do *Firme Seus Passos: Princípios bíblicos para uma vida financeira abundante*, do meu querido amigo Itor pela clareza diante da regra da contabilidade que, de forma leve, cria um caminho para um abrir de mente para ler, aprender e elevar seu padrão técnico de gestão financeira.

Citações do autor:

1. *"Generosidade não é troca. Tem mais a ver com ter um coração aberto."*

2. *"[...] Quando olhamos para a Bíblia, entendemos que Deus atribui a cada filho um propósito único[...]"*

3. *"[...] Fazer as coisas da forma como tem que ser feita, e na hora que tem que ser feitas tem relação com a integridade em suas ações [...]"*

4. *"O aprendizado complementa a generosidade e o relacionamento ao longo da vida é contínuo."*

5. *"Uma boa comunicação desempenha um papel essencial em todas as formas de relacionamento, incluindo a gestão financeira."*

Este livro, porém, é mais do que um tratar de uma gestão financeira ou habilidade para gestores, é um esclarecimento profundo sobre o tempo presente e uma revelação para o futuro.

Eu creio que há poder em conhecer a experiência do autor com Deus e com seu chamado ministerial, que essa leitura seja inspiradora e reveladora!

Que Deus abençoe e prospere seus caminhos e fique firme nessa caminhada.

"O meu Deus suprirá todas as necessidades de vocês, de acordo com as suas gloriosas riquezas em Cristo Jesus."
(Filipenses 4:19)

Pr. Júlio Florêncio
Pastor na Igreja da Cidade em São José dos Campos.

***

Firme Seus Passos – Princípios bíblicos para uma vida financeira abundante é um livro conciso e desafiador. Conciso por ser direto, sem rodeios, e desafiador, porque coloca o foco na parte oculta de qualquer empreendimento, o seu alicerce. Sem uma fundação nada permanece de pé. Nesse tempo de tanta relativização não é sábio desprezar os princípios aqui apresentados como basilares para a construção de uma vida financeira saudável e duradoura.

Vida financeira é assunto bíblico, de grande importância. É mais citada na Bíblia do que pecado, salvação, céu ou inferno. E não é sem motivo, pois a maneira como lidamos com dinheiro, bens e negócios demonstra piedade e dependência de Deus ou de nós mesmos. Revela não apenas quem somos, mas como fazemos e porque fazemos as coisas. A Bíblia é lâmpada para os pés e luz para o caminho daquele que busca orientação e direção para sua jornada pessoal e profissional. Suas histórias e personagens trazem exemplo e clareza para quem procura fazer as coisas com excelência. Este livro traz essa mensagem inspiradora.

Assim como uma bela casa só permanece de pé por estar edificada sobre um alicerce firme, o sucesso financeiro e duradouro depende de pilares que o sustentem. Geralmente, não pensamos muito, ou quase nada, nas bases sobre as quais construímos alguma coisa. Admiramos e nos encantamos com os detalhes e a beleza de um projeto arquitetônico bem elaborado, mas não enxergamos o que está por debaixo segurando tudo. Não vemos o alicerce, mas sem ele nada ficaria de pé. Sua importância é vital. É o que mantém toda a beleza e funcionalidade. Esse é um princípio da vida e dos negócios. Este livro o ajudará a explorar os segredos por trás do sucesso financeiro duradouro, construído sobre pilares como generosidade, propósito, integridade, aprendizado e relacionamento.

A vida financeira abundante não pode ser definida somente pelo resultado alcançado. Muitos alcançam sucesso e muito dinheiro, mas não tendo o lastro de um fundamento firme, estremecem e sucumbem diante das crises que vão e vem para todos. Nas páginas seguintes, você encontrará o caminho traçado para alcançar esse sucesso de forma saudável e duradoura.

Uedson Vieira

Escritor, membro da equipe pastoral da Igreja do Nazareno Central de Campinas, docente nacional do Instituto Haggai.

SUMÁRIO

Introdução..13

Capítulo 1
Fundamentos de finanças..20

Capítulo 2
Primeiros Passos...39

Capítulo 3
Generosidade..50

Capítulo 4
Propósito...69

Capítulo 5
Integridade..86

Capítulo 6
Aprendizado..105

Capítulo 7
Relacionamento..125

Lista de referências...141

Introdução

Mas, lembrem-se do Senhor, o seu Deus, pois é Ele que dá a vocês a capacidade de produzir riqueza, confirmando a aliança que jurou aos seus antepassados.

(Deuteronômio 8:18 – NVI)

Você já se perguntou o porquê algumas empresas passam por dificuldades e encerram suas operações e outras conseguem sobreviver por muito tempo? Talvez você já tenha se impressionado, ou ficado intrigado, com o fato de que algumas empresas, apesar de atuarem em segmentos em franca expansão, ainda assim apresentam um problema financeiro significativo.

A primeira causa provável que vem à mente é uma eventual falta de habilidade por parte dos gestores. É verdade que dificilmente chegamos ao ponto de avaliar o perfil do profissional que estava à frente da gestão financeira, mas se o avaliássemos, muito possivelmente nos depararíamos com um profissional com excelentes *skills* técnicos e formação acadêmica. Quando acrescentamos o fato de que algumas dessas empresas que enfrentam problemas financeiros também mantêm suas missões e valores alinhados aos princípios cristãos, nos perguntamos quais são as causas de insucesso dessas empresas. Parece lógico esperar sucesso quando se busca manter um alto nível de conhecimento técnico e ter uma vida de retidão que segue os princípios cristãos. Diante disso, fica a grande questão: o que faz com que tantas empresas, embora fazendo tudo o que é certo do ponto de vista do mercado e da fé, incorrem em problemas financeiros que ameaçam sua sustentabilidade?

E se desviarmos nosso foco das grandes empresas e o direcionarmos para as finanças pessoais poderemos esbarrar com a mesma questão. Encontramos pessoas que atuam de forma bastante conservadora em suas finanças e mesmo assim não conseguem viver uma vida tranquila. Parece que tempestades recaem sobre elas com mais intensidade ou com maior frequência do que vemos em outras pessoas.

Desde que comecei na profissão de consultor empresarial já se passaram mais de 20 anos. Desde então, trabalho apresentando técnicas de como os gestores e empresários devem aplicar as ferramentas e controles sobre suas finanças. Entre empresas que buscam corrigir falhas que levaram a prejuízos, e outras que apenas gostariam de atestar seus números por meio de um processo de auditoria, tive a oportunidade de conhecer centenas de gestores e empresários, cada qual, atuando à sua maneira, buscando construir um legado. Sempre fui muito focado nas técnicas que eram aplicadas e atribuía a essas mesmas técnicas o sucesso ou o fracasso dos resultados.

Há alguns anos estive em uma empresa que me contratou para revisar alguns números em suas demonstrações financeiras, pois parte da direção daquela empresa havia entendido que esses estavam alocados de forma equivocada. Durante um período convivi com todo o time da empresa a ponto de conhecer boa parte da equipe gerencial. Todos, indistintamente, tinham uma boa formação e profundo conhecimento daquilo que faziam. Ao concluir o trabalho, alguns poucos números precisaram ser ajustados, mas nada que representasse uma falha de conhecimento técnico por parte de quem fazia a gestão daquela empresa, pelo contrário, a tentativa de usar conceitos mais complexos na gestão diária da empresa é que havia ocasionado aquele incômodo na leitura das demonstrações.

Aquela era uma empresa sólida, com bom resultado financeiro, e seu produto está em expansão no mercado até hoje. Para minha surpresa, cerca de dois anos depois essa empresa foi reduzida a 1% do seu tamanho original. O motivo pelo qual haviam me chamado era apenas o início de uma briga de egos entre os principais gestores daquela empresa, que a levou a uma crise profunda e generalizada que nada tinha a ver com um problema externo.

Esse evento me fez refletir muito sobre o que define o sucesso ou o fracasso financeiro de uma empresa, já que vemos muitas empresas com bons gestores passarem por crises e retrocederem, enquanto outras, que possuem uma equipe mediana em termos de formação técnica, mantêm seus resultados de forma muito mais duradoura.

Desde então, tenho procurado analisar quais os fatores-chave de sucesso das empresas e decidi olhar para os personagens bíblicos com trajetórias bem-sucedidas e comparar quais são os pilares que levam cada um de nós a ter sucesso em nossos projetos.

Uma verdade que precisamos considerar é que nenhuma pessoa ou empresa nasce para o fracasso. No contexto empresarial, por mais fraca que seja a motivação para um negócio existir, é provável que originalmente o empreendedor tinha em mente uma ideia, um público e uma forma de atuação planejada para executá-la. Porém, ao colocar tudo isso em prática, o negócio inicia, cresce, amadurece e entra no ciclo de declínio de forma tão rápida que os problemas financeiros se tornam exaustivos a ponto de extinguir qualquer razão para continuar.

No universo cristão não é diferente. Já aconselhei diversas pessoas e empresários cujos corações eram entregues a Cristo, mas que passavam por dificuldades financeiras da mesma forma. A ideia do cuidado de Deus sobre a nossas vidas sempre me vinha à mente.

Para muitos cristãos há a expectativa sobre o poder da fé e as promessas que Deus nos faz por meio da Bíblia. Sem dúvida, cremos no poder e na provisão de Deus. E isso é o que Ele espera de nós, pois esse é um exercício da fé que lhe agrada. O ponto é que Ele já deixou para nós exemplos, orientações e princípios que devemos seguir para alcançarmos o propósito que Ele traçou para nossa vida. No entanto, no campo das finanças, há uma prática bastante comum de esperarmos em Deus para suprir os recursos de que precisamos ao mesmo tempo que baseamos nossa prática administrativa apenas nas técnicas de administração financeira que retiramos de livros seculares. É óbvio que na Bíblia você não encontrará orientação se deve aplicar um recurso que sobra em um fundo de CDI ou em ações, essas são decisões que você irá avaliar com base nos riscos, rentabilidade e prazos da sua realidade momentânea. Entretanto, os princípios pelos quais você se inspira para tomar decisões sobre aplicar, reinvestir ou distribuir os recursos precisam estar sobre uma base sólida e verdadeira, que lhe firme os passos para cada decisão.

É somente sobre uma base sólida que podemos erguer pilares de sustentação para uma construção que, à semelhança da base, também tenha solidez apesar das intempéries. Neste livro vamos refletir sobre esses pilares.

O primeiro pilar que vamos apresentar aqui poderá, em um primeiro momento, parecer contraintuitivo quando o tema é aprimorar nossas finanças. O pilar da generosidade intriga nossos sentidos. Eu atribuo essa sensação de conflito ao fato de que somos orientados em todos os sentidos de forma contrária a esse primeiro pilar. Nossa natureza humana é egoísta, mas há ainda um estímulo diário que recebemos para focarmos em nossos problemas. Quando nos deparamos com uma orientação bíblica dizendo que a pessoa generosa progride na vida, parece estranho em um primeiro momento.

Atualmente, se popularizou o discurso de encontrar o seu propósito. Seja pessoal ou empresarial, as pessoas têm buscado encontrar uma frase poética que defina seu propósito e encante os que estão à sua volta. O fato é que muitos buscam definir o seu propósito olhando para como ficará a sua imagem perante o outro. A reflexão que traremos para esse pilar é o conhecimento profundo que você precisa ter sobre o seu propósito para que tudo que se construa sobre ele e os demais pilares estejam suficientemente alinhados e sólidos.

No terceiro pilar, vamos construir a ideia de Integridade como uma ação diária. No mundo financeiro, somos ensinados a priorizar coisas que agreguem valor para nós mesmos, em detrimento de outras que podemos julgar o tempo que serão executadas. Muitas vezes, esse julgamento é afetado pela vontade de agradar a outros. Mesmo que uma ação não seja ilegal, somos tentados a deixar de lado algo importante em detrimento de um gasto que irá nos posicionar de forma mais agradável aos olhos de outra pessoa. Se não tivermos esse pilar de forma sólida na mente, certamente teremos rachaduras em toda a construção de nossas finanças.

O aprendizado é o pilar que conecta e fortalece os demais pilares. Vamos ver que não se trata do processo de estudar e aprender. Nesse pilar é que reconhecemos Deus como sendo nosso sustento e guia em todas as situações. Estar com os ouvidos e corações abertos para compreender tudo que ocorre à nossa volta, e tomar as decisões certas e de forma íntegra é uma base importante para o nosso sucesso financeiro.

Por fim, no pilar do relacionamento, veremos como uma das características de Deus, criador de todas as coisas, é fundamental para que tenhamos sucesso financeiro. No campo das finanças, o relacionamento é essencial, pois vamos ver que tudo é reflexo de como nos relacionamos com Deus e com nosso próximo.

A maioria das pessoas cristãs consideram ter uma dependência de Deus para o seu sustento, mas seguem os princípios seculares na gestão na hora de administrar os recursos que foram colocados em suas mãos. Técnicas e princípios são fatores bastante distintos na administração financeira. Podemos utilizar dos métodos e procedimentos técnicos para gerenciar nosso caixa, lidar com questões práticas relacionadas às nossas finanças. Já os princípios orientam o nosso comportamento na aplicação das técnicas, e em geral nos dão as diretrizes sobre as políticas e valores que seguimos.

O que muitas vezes ocorre é o fato de copiarmos as técnicas, mas não estar claro em nossas mentes quais são as bases adequadas que darão sustento para tudo que for construído com esses métodos. Sempre que fazemos algo por mera repetição, o sucesso se traduz em sorte.

É bem provável que você já tenha assistido a diversos *influencers*, inclusive cristãos, ensinando sobre técnicas de administração financeira. Reflita sobre a mensagem que eventualmente eles tenham passado ao explicar seus segredos de prosperidade e certamente vai se recordar que a mensagem principal que fica é "conquista". O desejo e a forma de acumular bens materiais, sucesso ou poder são, normalmente, a base que alimenta a ideia por trás das técnicas de sucesso.

A tentação que muitas vezes vem em nossa mente é: se funciona, talvez valha a pena. Serei fiel em devolver a décima parte para Deus, mas gostaria de seguir com uma vida tranquila. Esse é um engano que muitas vezes interiorizamos, pois tudo aquilo que construímos sem uma base sólida certamente irá trazer inquietação em algum momento. Um texto do livro de Provérbios que relata bem isso foi escrito por Salomão no capítulo 15 e diz que "É melhor ter pouco com o temor do Senhor do que grande riqueza com inquietação".

Quando construímos nossas finanças sobre pilares sólidos, temos a segurança de que mais do que o sustento que recebemos de Deus, teremos a paz e a segurança de que aquilo que foi construído não irá ruir.

Uma pesquisa realizada por uma entidade brasileira de apoio ao desenvolvimento de micro e pequenas empresas aponta que cerca de 60% das empresas brasileiras encerram suas atividades antes de completar 5 anos de vida. Essa pesquisa questiona os empresários sobre o que atribuem aos problemas financeiros que levaram ao encerramento de seus negócios, praticamente 100% das pessoas buscam algum motivo externo para justificar os problemas que enfrentaram. É raro que alguém reflita sobre as bases nas quais construiu sua empresa e reconheça que quase sempre foi algum pilar da sua própria construção que estava frágil demais.

Uma verdade que passa despercebida é o fato de que o que acontece nas empresas é reflexo do pensamento dos próprios indivíduos que administram. Quando olhamos para o cenário pessoal, neste ano de 2023 temos cerca de 80% da população com algum tipo de dívida. Minha intenção não é focar no fato da disponibilização de créditos que possam ser úteis como ferramenta de gestão financeira (técnica), mas na motivação que existe por trás de cada dívida realizada (princípios).

Se essa não é a primeira vez que você estuda sobre os princípios bíblicos aplicáveis para as finanças, muito provavelmente já leu um provérbio de Salomão que colocamos de lado sempre que assumimos o controle da nossa gestão financeira ou nossas empresas. No capítulo 22 ele alerta que "quem toma emprestado é escravo de quem empresta". Observe que nenhum dos pilares que vamos apresentar aqui neste livro condena as ferramentas que temos disponíveis para capitalizar um determinado projeto que tenhamos. Mas quando temos esses pilares solidificados em nossa mente, a construção desses projetos não se tornará uma armadilha para nos escravizar perante uma dívida.

Embora as pesquisas não detalhem a aplicação dos recursos tomados pelos brasileiros, é muito provável que boa parte das dívidas não foram construídas sobre algum pilar que estamos apresentando neste livro. Pelo contrário, a falta de uma base sólida é que faz com tenhamos cada vez mais a perda de foco naquilo que sonhamos construir em nossas vidas.

A jornada que propomos aqui é a de lançar as bases sólidas para as suas finanças, tanto pessoais quanto empresariais. Nossa missão é guiá-lo por meio desses cinco pilares: generosidade, propósito, integridade, aprendizado e relacionamento. Ao compreender e aplicar esses princípios, você não apenas construirá uma fundação robusta para suas finanças, mas também descobrirá como a prosperidade pode ser alcançada de maneira equilibrada e sustentável.

Nas páginas que se seguem, exploraremos cada um desses pilares em detalhes, fornecendo orientações práticas e exemplos inspiradores. Ao final deste livro, esperamos que você tenha uma compreensão mais profunda de como aplicar esses princípios em sua vida, seja como um indivíduo buscando estabilidade financeira, como um empresário procurando prosperar em seus empreendimentos ou como alguém que deseja alinhar seus valores pessoais com suas escolhas financeiras. Prepare-se para uma jornada de autodescoberta e transformação financeira. Vamos juntos explorar os segredos por trás das finanças sólidas e construir um alicerce que o levará a um futuro mais estável e repleto de significado. Estamos ansiosos para guiá-lo nessa jornada e ver as transformações incríveis que estão por vir. Vamos começar.

Capítulo 1

Fundamentos de finanças

Peça a Deus que abençoe os seus planos, e eles darão certo.
(Provérbios 16:3 – NTLH)

Mesmo que você que esteja lendo este livro seja um cristão, o conceito teórico e a aplicação prática da fé ainda pode ser algo difícil de conciliar. Quando crescemos na igreja, somos conduzidos a entender a fé como a confiança de algo que esperamos que irá acontecer. Bem, essa é inclusive uma paráfrase do verso do livro de Hebreus.

Partindo dessa ideia, muitos ainda se arriscam a proferir palavras afirmativas sobre algo que desejam, imaginando que, dessa forma, de fato, seu desejo se realizará. Se fosse simples assim, não existiriam mais problemas em nossas vidas, não é verdade? As incertezas — ou dúvidas — são comuns ao ser humano, e quase sempre é maior que qualquer fé que possamos ter. Se não fosse assim, Jesus não teria confrontado seus discípulos dizendo que se eles tivessem a fé do tamanho de um grão de mostarda, poderiam mover uma montanha de lugar. Já convivi com pessoas que alcançaram milagres em suas vidas por terem fé, mas, de forma recorrente, esses milagres estavam relacionados a condições de saúde. Minha percepção é que isso ocorre justamente porque, uma vez que se chegue ao ponto que a medicina não consegue oferecer mais solução, muitos acabam finalmente depositando sua fé em Deus. Mas quando se trata de finanças, a situação parece mudar um pouco. Sempre que converso com cristãos que estão precisando de uma mudança na área financeira, estão buscando a Deus como um escape do problema, mas seguem trabalhando duro para que isso aconteça.

Fé na sorte

Antes que você imagine que estou lhe sugerindo que deve sentar-se enquanto espera a graça de ter dinheiro caindo do céu para resolver seu problema — como ganhar na loteria por exemplo — não é isso que estou propondo. Sei que, apesar de nem sempre verbalizarem isso, muitas pessoas acreditam que algo bom vai acontecer, embora não saibam exatamente o que, como se fosse uma surpresinha! Têm fé de que uma "porta" vai se abrir. Fé de que algo novo vai acontecer. Isso nada mais é do que ter "fé na sorte". Quando não temos ideia do que precisa ser diferente, simplesmente acreditamos que algo bom virá, mas não temos nenhum fundamento daquilo que realmente esperamos que aconteça. Observe que quando estamos diante de uma doença, é muito mais fácil crermos que Deus irá curar, e isso ser imputado como fé. Mas quando o assunto é finança, raramente conseguimos definir qual é o problema realmente. Se a conta bancária estiver no vermelho, simplesmente cobrir o saldo resolve? Cobrir o saldo e mais quanto, resolveria o problema? Um aporte de recursos divinos por três meses seria suficiente? Quanto você pediria para Deus para resolver seus problemas de forma definitiva, mas que não demonstre sua ganância ou sua ineficiência no trabalho?

Enfim, não sou teólogo, e por isso não quero entrar nos aspectos teológicos que envolvem a fé, mas o que percebo é que no campo das finanças muita gente tem mais fé na sorte do que propriamente em Deus. Digo isso porque a fé sem um propósito claro da sua aplicação na adoração ao próprio Deus não tem fundamento, não se sustenta. Quando oramos a Deus sobre a saúde de uma pessoa, é mais fácil termos a percepção de que sem a pessoa com vida e saúde, não há como cumprir um propósito. Já quando nos transportamos para o campo das finanças, nos perdemos por não saber em quais bases estamos firmados. Conhecer muito bem nossas fundações em finanças, inclusive reconstruindo algumas que possam estar com falhas, nos ajuda a fortalecer nossa fé em como Deus pode nos usar para o seu reino. Quando construímos nossas finanças sem um fundamento claro, normalmente não conseguimos servir a Deus de forma íntegra.

O que vamos construir ao longo deste livro é a percepção de que quando nos apoiamos em Deus, nossas finanças são muito mais saudáveis, e isso não tem a ver com a quantidade, mas sim com quão sólidas serão nossas finanças. Estudando a vida de alguns personagens bíblicos que se tornaram referência no aspecto do cuidado financeiro, percebi que existem cinco pilares que precisamos cuidar em nossas vidas para que todo o resto seja construído sobre uma base sólida.

Dentro desse entendimento, a percepção que obtive ao longo da minha jornada ajudando empresas na gestão de seus patrimônios é que a solidez de tudo o que se constrói no campo das finanças está relacionado a quão firme suas bases foram construídas. Muitas vezes pessoas ou empresas desenvolvem de forma bastante sólida apenas um ou dois desses pilares, deixando os demais como uma fraqueza que coloca em risco tudo o que foi sendo construído. Veremos que esses cinco pilares têm uma forte conexão entre si, e precisam ser percebidos como necessários por quem quer ter uma construção sólida.

Não é natural que alguém diga em meio a uma reunião que seu *forecast* é esperar a providência divina ou defender um projeto de planejamento estratégico em que ter a graça de Deus será a principal fonte do sustento financeiro. Embora isso possa até ser uma retórica fora da sala de reunião de empresários cristãos, não é comum que esse tipo de fé seja colocado em um documento corporativo de planejamento. Por outro lado, é uma verdade que muitos de nós pedimos a Deus sabedoria antes de cada dia de trabalho, confiando que Ele irá agir e nos dar sabedoria. O ponto que quero deixar aqui é o fato de que crer no sustento e na direção de Deus não nos exime de fazer planos e semear todos os dias.

Quando decidi largar um emprego fixo em uma renomada empresa multinacional, o chamado de Deus em minha vida foi um verso de Provérbios que dizia "peça a Deus que abençoe os seus planos, e eles darão certo". Lembro com muita clareza que o pastor citava esse verso quando palestrava em um grupo de empresários. Assim como muitos eu sempre pedia a Deus sabedoria e que abrisse uma porta nova de trabalho, pois onde eu estava conflitava em vários aspectos com minha fé. Em outras palavras, eu tinha fé na sorte. Acreditava no poder de ação de Deus, já havia vivido diversas experiências de fé, mas no campo profissional, eu queria que algo mudasse, mas não sabia nem por onde começar. Eu não tinha um planejamento. Já havia trabalhado em diversos planos de negócios para empresas, mas não tinha o que apresentar para Deus em relação às minhas próprias ideias.

A partir daquele dia, me debrucei em preparar um plano de negócios para iniciar a minha própria consultoria. Com todos os detalhes possíveis, fui construindo um plano com serviços, valores e prazos. Eu queria apresentar para Deus um plano de negócios para que Ele pudesse dar sua benção sobre esse plano. A preparação do plano foi sendo construída de forma profissional, com estudos de mercado, análise de cronogramas, recursos, e tudo mais que um plano de negócios precisava. Esse processo foi de aproximadamente quatro a cinco meses, com a previsão de início das operações para cerca de 10 meses. Por volta do 5º mês quando já tinha uma minuta comecei a apresentar a Deus em oração para que Ele pudesse validar. Na minha visão, a melhor época para início se daria no mês de outubro ou novembro, quando empresas estão definindo seu *budget* para o próximo ano fiscal. No mais tardar em fevereiro, quando as operações estão aquecidas pós-férias de janeiro iniciando e algumas realizam as contratações de consultorias para acompanhá-las durante o ano.

Nas minhas idas e vindas do planejamento, algo não encaixava no cronograma, e fui ajustando até definir que a data de início seria maio do ano seguinte. Lembro de várias vezes orando a Deus dizendo que era o pior mês para vendas na minha área. Iniciar uma operação nesse período era quase impossível. Mas, enfim, concluí aquele planejamento, imprimi e encadernei e apresentei diante de Deus.

O tempo foi passando e eu ainda empregado. Cerca de dois anos antes eu havia assinado um acordo com a empresa que se eu me desligasse antes de completar quatro anos haveria uma multa contratual. Dentro do meu planejamento não havia essa previsão, e obviamente eu não tinha os recursos para essa transição. Eu ainda mantinha a esperança de que em fevereiro Deus abriria uma porta e eu conseguiria iniciar minha empresa, apesar de todos os sinais dizerem o contrário. Quando chegou o mês de fevereiro, eu estava ansioso por um milagre. Os dias foram passando até que chegou o dia 20 de fevereiro, data limite que a empresa fazia movimentação dos funcionários, pois nessa data havia o fechamento da folha. Bem, contava com a sorte de ter o meu planejamento antecipado, já que havia previsto para maio.

Essa ansiedade se repetiu nos meses de março e seguintes, sem que nada mudasse. Por fim, chegou o mês de maio. Havia algo no meu coração que me tranquilizava, uma certeza de que Deus faria algo em relação ao meu planejamento. Os dias se passaram e lembro como se fosse hoje: dia 20 de maio caiu em uma sexta-feira, dia da semana que normalmente as empresas realizam o desligamento. O dia foi passando, as horas passando, e nada aconteceu. Meu planejamento havia falhado.

Passei a me questionar, e questionar uma promessa de Deus clara na Bíblia. Fiz tudo certo, mas aquela promessa não havia se cumprido. Na igreja que frequentava naquela época havia um jardim de oração, que foi justamente onde eu havia orado a Deus várias vezes durante a preparação daquele planejamento. No domingo eu fui cedo à igreja e levei comigo o planejamento impresso que eu havia feito. Lembro de chorar muito questionando a Deus a minha fé. Rasguei o documento do planejamento com um sentimento de desamparo, pois havia depositado minha fé de que aquele plano seria concretizado. O ponto era que o cronograma não considerava apenas o meu desligamento da empresa que estava, mas ter um faturamento pela empresa já naquele mês de maio, com um valor determinado no *budget* que fazia.

Na segunda-feira, dia 23 eu lembro de ter ido trabalhar com um sentimento de desânimo por ter sido abandonado por Deus. Pouco antes do meio-dia, meu chefe me chamou para falar que a direção da matriz decidiu me liberar do contrato e faria o meu desligamento. Eu comecei a rir e agradecer a Deus por aquela benção. Voltei para casa naquele dia, oramos e agradecemos a Deus. Eu já não tinha dúvidas de que aquele plano seria bem-sucedido. Imprimi uma nova via daquele plano, e naquela semana passei fazendo os ajustes pessoais para iniciar a operação, mas havia um detalhe que não daria certo: o *budget* considerava um faturamento naquele mês, equivalente ao salário que eu tinha naquela época.

Como eu havia trabalhado até o dia 23, e considerando o período de aviso que empresa havia reembolsado, obviamente eu não precisava me preocupar com o *budget* naquele mês. Naquela mesma semana comecei a executar o plano comercial, muito embora minha expectativa seria realmente ter algum sucesso no próximo mês. Estava tão feliz que era como se eu tivesse liberado Deus da sua promessa naquele primeiro mês. O ponto é que Deus não volta atrás. No dia 27, uma sexta-feira consegui um contrato com o valor previsto no *budget* do meu planejamento. A fé precisa estar pautada na sua palavra e enxergar Deus diante do seu problema, não apenas esperar que algo positivo aconteça ao acaso. Naquele momento eu tive a certeza de que não se tratava de sorte.

Cultivo

Na vida tudo é um processo. Por vezes vemos a comparação dos nossos processos com a prática de cultivar, cuidar e esperar antes de realizarmos uma colheita. No entanto, no modelo da maioria das comunidades atuais, a pressa pela realização de qualquer atividade tem sido uma regra. Quando algo não é obtido de forma imediata, algo parece estar dando errado, parece que algum processo precisa ser ajustado. Entre receber a palavra para montar um planejamento daquilo que eu pedia para Deus, e finalmente ver o agir de Deus se passaram quase um ano. Confesso que muitas vezes ensaiei atravessar e confiar e me lançar de forma antecipada, com o discurso de que precisamos confiar de dar o passo de fé. Mas a palavra que Deus havia dado para mim naquela ocasião era: apresente seu planejamento. Se você acredita que fazer um plano de negócios é não ter fé, saiba que no mundo dos negócios existe um ditado que diz: papel aceita tudo. O que quero dizer é que o fato de fazer um planejamento não significa que Deus ficará de lado. O cliente chegar até você — ou aceitar sua proposta, encontrar os funcionários certos, as máquinas produzirem corretamente, tudo isso são variáveis que podem impactar suas finanças. Ter fé de que tudo vai funcionar corretamente é um exercício que precisamos ter todos os dias.

Aprendi que preparar um plano é também confiar em Deus. É estar preparado para receber as bênçãos que pedimos. Querer fazer isso depois que já estiver em andamento, é uma declaração de que não acredita que irá dar certo e, caso comece a funcionar, irá estruturar melhor as ideias para que a fé possa ampliar os negócios.

O início de qualquer processo é normalmente o mais complicado, pois é recheado de incertezas. Projetar nossa visão no futuro é algo que normalmente apresenta muitas variáveis e que é difícil de racionalizar de forma precisa os efeitos de uma decisão agora. Fazer um planejamento é cultivar as boas práticas e em especial demonstrar que estamos certos do que esperamos, e fazer uma prova das coisas que ainda não podemos ver. Precisamos cultivar a fé em Deus.

O desafio da consultoria

Por muitos anos atuei profissionalmente como consultor de negócios, e percorri diversas empresas conhecendo seus processos, avaliando suas finanças e normalmente sugerindo mudanças que pudessem, de alguma forma, melhorar seu desempenho. A maior parte das orientações fica restrita aos aspectos técnicos e metodológicos de conceitos financeiros que na grande maioria das vezes já são apresentados em algumas dezenas de livros especializados. É interessante ver reações dos gestores que são aconselhados pois, na grande maioria das vezes, algumas das orientações por nós apresentadas já eram conhecidas de forma conceitual, mas a aplicação prática parece se tornar algo extremamente dispendioso ou difícil de ser entendido.

A questão que chama atenção é que a aplicação de algumas práticas não depende somente de conhecimento técnico, mas é necessário que o profissional tenha alguns pilares — que estamos trazendo neste livro — para destravar algumas habilidades essenciais para que tudo se encaixe. Vemos muito essas diretrizes no contexto de liderança e gestão, quando falamos sobre o fato de que ter o conhecimento técnico não é suficiente, mas é preciso das *soft skill* que unem todas as qualidades em um conjunto necessário de habilidades para se ter sucesso. O fato é que nós os consultores, conseguimos orientar as práticas técnicas, dar orientações, mentorias, mas raramente conseguimos alterar os pilares nos quais a pessoa que está recebendo a orientação possa ter como seu pilar de apoio. Podemos sugerir melhorias em processos que indicam o caminho para a construção de novos pilares, mas o fato é que o íntimo de cada pessoa precisa ser revisitado por sua própria autoavaliação. Cada pessoa é responsável por seus atos. O que podemos fazer é dar ferramentas para que a pessoa que estamos instruindo siga os mesmos passos de quem já está fundamentado em princípios.

Vontade de mudar

Por muitas vezes ouvimos sobre mudança. Somos incentivados e motivados a evoluir em nosso campo profissional, em nossas qualificações e em nossos relacionamentos. Há diversos autores e *influencers* que diariamente despejam nas redes sociais conteúdos sobre mudança e crescimento, mas quando olhamos ao nosso redor ou até mesmo para dentro de nós, o que vemos é uma letargia gritante na maioria das pessoas no tocante a fazer algo para mudar uma realidade que por vezes está realmente ruim de se viver. A maior parte dos incentivos que recebemos são ações simples de serem executadas. Ações simples, realistas e facilmente alcançáveis, porém que poucos seguem com determinação. Por anos eu passei por um conflito profissional enorme, onde algumas atribuições que nosso time tinha como meta feriam alguns dos meus princípios pessoais. Embora não fossem ilegais nem imorais, a forma de execução feria princípios que eu como cristão defendia e tinha como pilar em minha vida.

Mesmo com os conflitos internos, havia uma dificuldade de dar o primeiro passo para a mudança, pois aquele trabalho era o que eu enxergava como sendo a minha base profissional. Adicionado a isso, aquela visão de que devemos fazer a diferença onde estamos acaba nos aprisionando ainda mais. Embora seja verdade, fazer a diferença, sendo sal e luz no ambiente que estamos, precisamos entender o conceito como um todo. Muitas vezes temos a iniciativa de mudar, de crescer, e normalmente o que nos impede não é algo que nos falta. É comum culpar a falta de tempo, falta de recursos ou instrução.

O ponto é que sem propósito não adianta tentar caminhar em qualquer direção. Isso é algo que está intrínseco em nós. Podemos ler este livro, ou qualquer outro, mas é preciso vontade de dar o primeiro passo para a mudança começar a ocorrer.

Rochas disfarçadas

Lembro da segunda casa que construí. Terreno plano em um condomínio que parecia que tudo favorecia para construção. Comprei o terreno, fizemos o projeto arquitetônico e o passo seguinte foi obter a análise do solo para completar os cálculos estruturais. Bem, para minha surpresa, embora o condomínio estivesse em uma colina, o terreno era arenoso e eu precisaria contratar uma empresa para preparar a fundação entre 10 e 20 metros abaixo, podendo chegar a ir mais fundo enquanto a máquina não encontrasse solo firme. Para quem está acostumado com construção sabe que isso se torna um custo não previsto. Iniciada a fundação, outra surpresa era anunciada. Naquele terreno, embora tivéssemos um solo arenoso, era comum encontrar diversas pedras de grandes proporções, que se ao perfurar o solo fosse encontrada uma dessas pedras, não seria possível que a máquina fizesse a perfuração; teríamos que decidir dobrar o tempo investido no projeto, mudar a posição do projeto ou apoiar a fundação naquela pedra confiando que ela já estaria apoiada em solo firme logo abaixo. Do contrário, poderíamos ter uma acomodação do solo e, consequentemente, rachaduras na casa futuramente.

Ao mesmo tempo que esse processo gera ansiedade, expectativas e, obviamente, gastos não previstos, investir no cuidado desse processo é algo que nos dá uma certa tranquilidade.

Em nossa vida financeira vivemos algo semelhante. Muitos de nossos projetos nos causa certa apreensão e ansiedade sobre o resultado que teremos lá na frente, mas pular a etapa de construir uma fundação sólida é ter a certeza de que a casa vai rachar. Quando preparamos e cavamos fundo em nossas fundações e encontramos o solo firme, ou quando identificamos as pedras e mudamos nosso projeto para contornar o problema, não teremos problemas, pois estaremos seguros. A situação se complica quando apoiamos nosso projeto naquelas rochas disfarçadas de solo firme. Talvez esse seja o mais difícil de identificarmos ao conceber um projeto, mas é extremamente importante que o façamos de forma segura.

Nas fundações de casas, existem especialistas que trazemos para confirmar se realmente encontramos solo firme ou se são rochas disfarçadas que encontramos abaixo do solo. Em finanças temos que ter essa segurança, e muitas vezes consultar um especialista — por mais que isso possa ser um gasto adicional — será muito melhor que edificar seu projeto sobre uma rocha que irá ceder no futuro.

Sabedoria que vem do alto

Creio que muitos dos que buscam melhorar seus conhecimentos e habilidades no trato de suas finanças o fazem para alcançar um objetivo. Seja pessoal ou profissional, é muito difícil saber se aquela ação que estamos tomando naquele momento é uma ação sábia ou negligente para com os recursos que estamos administrando. Há uma enxurrada de informações e modelos econômicos prontos que aumentam ainda mais a ansiedade e a incerteza se aquela decisão é a mais acertada. Quando buscamos em Deus essa sabedoria, podemos receber orientação sobre as bases que temos que ter em nossas ações. Em especial para os dias de hoje em que o comércio e as atividades financeiras são bem diferentes dos tempos bíblicos, o que Ele nos mostra é como devemos ser por dentro, para que nossas ações possam prosperar. No capítulo 3 do livro de Tiago, temos uma boa noção sobre como avaliar se a sabedoria que estamos aplicando vem de Deus, ou se é algo alimentado pela nossa própria consciência humana. O ponto aqui é que, na grande maioria das vezes que tomamos uma decisão sobre uma operação que seja nova para nós, normalmente a fazemos com base na análise de um escritor conhecido da área, ou pior, no exemplo de alguém famoso que tenha tido sucesso na vida. Estudar e replicar algo científico que foi estudado por outros escritores não necessariamente é algo ruim, mas o ponto é que há diversos escritores e teorias financeiras prontas para serem aplicadas, e raramente perdemos muito tempo avaliando quais dos conceitos são os que encaixam melhor em nossas próprias bases financeiras. Poderia arriscar que a grande maioria das pessoas tende a seguir as teorias de quem obteve maior sucesso. Ou pelo menos teve maior evidência nas mídias para vender seus conceitos.

Quando olhamos para o texto de Tiago, ele retrata que este tipo de ação não condiz com a sabedoria que vem do alto. A inspiração no desejo de ser ou ter o que o outro alcançou irá nos direcionar pelo aspecto humano e com isso os resultados irão refletir mais a sorte do momento do que propriamente uma ação duradoura baseada na sabedoria de Deus. Dentre os princípios que vamos falar um pouco aqui neste livro, veja que Tiago cita a generosidade e a integridade como um fator para avaliarmos se estamos aplicando a sabedoria que vem do alto, pelo fato de não termos ambições egoístas e pela imparcialidade em nossas ações.

Uma das principais vantagens que temos ao buscar sabedoria de Deus para as nossas ações não está simplesmente pelo fato dos resultados que serão alcançados. Por vezes nos vemos em situações que em nossa própria visão não seria o melhor caminho. Seguir princípios ao lidar com nossas finanças nos dá a certeza de que seja qual for a meta ou o planejamento, teremos paz ao conviver com o resultado alcançado. Ao focarmos nos princípios, aumentamos nossa percepção de que os resultados são os melhores possíveis e conseguimos vislumbrar melhor nossas forças e fraquezas, como se a matriz SWOT (acrônimo de *Strengths, Weaknesses, Opportunities* e *Threats*) dos nossos planejamentos ficasse mais límpida para ser trabalhada em nosso dia a dia.

Fundações das Finanças

Se eu te pedisse para descrever como é sua casa, como você a descreveria? Em qual aspecto você se concentraria ao dar detalhes? Certamente algo que mais lhe impressiona ou algo que mais lhe comove é que seria o seu ponto de partida. É interessante saber que raramente as pessoas terão um olhar idêntico sobre um mesmo objeto e ao tentar responder à essa pergunta teriam uma resposta diferente. Talvez alguns comecem pelo espaço disponível, informando a metragem quadrada do imóvel, outros poderiam começar pelos móveis disponíveis dentro da casa, ou seja, por aquilo que foi agregado ao imóvel para dar o conforto da moradia, já outros poderiam começar pela beleza da arquitetura externa do imóvel. Enfim, há diversas formas de se descrever a sua própria casa. Estilo de cobertura, aconchego da localização no bairro, silêncio do ambiente, temperatura ambiente que os revestimentos proporcionam, e por aí vai. Até mesmo uma pessoa que resida com você certamente terá uma resposta diferente à essa pergunta. Independentemente dos aspectos físicos que são imutáveis, como, por exemplo, se eu perguntasse qual a cor da sua casa. Se for branca, a resposta será branca se eu disser ou se você disser. Começamos a ver as diferenças nas respostas quando a pergunta é genérica. Normalmente iniciamos a resposta por aquilo que é mais marcante para o menos importante. Se eu e você valorizamos a arte, provavelmente iniciaremos descrevendo as cores ou arquitetura, mas se valorizamos o bem-estar pessoal, iniciaremos pelo ambiente ou pela segurança do local.

Se você está se perguntando o que isso tem a ver com finanças, já já chego lá. Obviamente eu também tenho minha própria visão e minhas experiências que me fazem descrever minha casa de forma única com base em minha vivência e principalmente sobre o detalhe que mais satisfaça as minhas necessidades.

Os comentários sobre detalhes das nossas casas fazem parte das conversas informais e sem importância com amigos e parentes em finais de semana ou quando tudo está calmo e alguém solta o comentário para puxar assunto: nossa como aqui é calmo, como sua casa tem um clima agradável, aqui tem tudo que precisa por perto, e por aí vai.

Um detalhe que sempre passa despercebido para a maioria das pessoas é que essas conversas sobre imóveis têm sempre um foco na aparência e conforto, mas muito pouco na estrutura e principalmente nas fundações do imóvel. Exceto se for uma roda de engenheiros ou nerds por construção. É até legítimo que as conversas fiquem naquilo que é aparente, já que as bases estão quase sempre cobertas de alguma forma.

Lembro-me da minha adolescência quando eu acompanhava meus pais nas reuniões de um grupo de missionários que ocorriam todas as segundas-feiras intercalando as casas dos membros a cada semana, e como não podia ser diferente, sempre havia comentários sobre a rua, a arquitetura ou sobre o espaço da casa. Lembro de um desses membros sempre comentando que ele havia gastado tanto nas fundações da casa dele que poderia passar um rio embaixo que a casa não cairia. Sempre que íamos em sua casa, lembro-me dele comentando sobre esse aspecto de sua residência. Talvez tenha sido o único que me lembro de fazer comentários sobre uma parte da casa que ninguém prestava atenção. De fato, é incomum.

É bem possível que minha curiosidade por esse tema seja atribuída ao fato de meu pai ser engenheiro. Cresci em meio a projetos estruturais e rolos de plantas baixas de construções que naquela época eram desenhadas a mão — ainda não existiam os softwares CADs que temos hoje em dia. Visitei vários canteiros de obras com ele, e pude observar diversos projetos desde as primeiras demarcações do terreno até a colocação dos detalhes finais que garantiam a estética dos imóveis.

Embora eu tenha muita admiração por essa área, acabei enveredando para as áreas profissionais da minha mãe. Ela cursou o ensino médio como técnico em contabilidade e depois se graduou como pedagoga e trabalhou no sistema de ensino por quase toda sua carreira profissional. Sobre os conhecimentos de contabilidade, ela nunca chegou a usar, pois nunca exerceu essa profissão, mas acho que de alguma forma me influenciou no momento de escolher o curso quando iniciei o chamado nível médio — entre a educação básica e a graduação. Contudo, a área financeira me atraiu muito mais e, dando sequência na minha formação, me graduei também em contabilidade e segui nessa área cursando uma pós-graduação em finanças empresariais e controladoria logo em seguida. Para se ter uma ideia de como eu me empenhava, aos 22 anos eu já era professor na mesma faculdade que eu havia me formado. Já são quase 30 anos atuando nessa área, mas a influência da visão e atuação do tempo na infância baliza até hoje a minha visão e forma de atuação. O convívio mais de perto com os projetos do meu pai creio que gerou uma forte influência na minha forma de atuar. Nas diversas avaliações de perfil profissional que fazemos ao longo da carreira, os meus resultados sempre indicam minha personalidade como tendo uma visão espacial bastante presente e um pensamento lógico racional muito forte em quase tudo o que eu venha a desenvolver. Por isso sempre fui muito questionador sobre a atuação dos profissionais de finanças e principalmente sobre os métodos. Nos bancos das faculdades quase sempre temos o foco em técnicas e estratégias de atuação, fórmulas validadas em experimentos de especialistas e até mesmo aplicação de modelos prontos e simplificados. Cresci profissionalmente no meio de pessoas da área de finanças dos mais diversos perfis, ideologias e crenças.

Aprendemos nos cursos de finanças sobre técnicas e padrões a serem aplicados de forma estruturada para se chegar a resultados, ou mesmo para mensurar o desempenho financeiro de pessoas, projetos ou empresas. Mas duas coisas sempre me chamaram a atenção ao longo dos anos que trabalhei nessa área. A primeira é o fato de ver, diversas vezes, a aplicação da mesma técnica ou estratégia ter resultados diferentes. Parece óbvio que pessoas, projetos ou empresas com características distintas vão aplicar essas técnicas de maneiras diferentes. Mas você não acha que seria razoável esperar que o resultado possa ocorrer em escalas diferentes, porém nunca de forma inversa ao que se propõe aquela mesma técnica? Em outras palavras, como esperar que uma empresa tenha sucesso e outra simplesmente quebre usando as mesmas estratégias?

Se considerarmos a aplicação de uma mesma técnica por um mesmo consultor, por exemplo, seria de se esperar um resultado muito próximo. Mas não é o que ocorre algumas vezes. Ao longo dos anos como consultor financeiro já vi isso ocorrer diversas vezes, e a aplicação de técnicas garantidas de sucesso caem em descrédito precisando que alguém desenvolva uma nova moda, um novo slogan, um novo curso ou palestra para ser a ferramenta da vez. Tudo isso vira uma questão de sorte, vira uma roleta-russa para quem precisa de auxílio nas finanças.

O segundo fato que me chama atenção é que raramente se tem claro quais são os princípios que fundamentam o pensamento de quem aplica essas técnicas. É raro conseguir enxergar o porquê de determinados projetos ou empresas. Aqui é que começa a ficar mais claro sobre o meu sentimento sobre esse emaranhado de conceitos, técnicas e estratégias. É como olhar as paredes e esquecer que existe uma base onde essa estrutura foi construída. O detalhe é que é possível, sim, construir uma casa com uma fundação fraca. Só não dá para esperar que ela fique de pé por muito tempo. Em finanças ocorre a mesma coisa. Podemos usar técnicas e estratégias sobre uma base fraca, mas a longevidade do resultado provavelmente será curta.

O que vamos conversar neste livro é justamente quais são os fundamentos que podemos aprender com a bíblia para manter as finanças saudáveis. Buscamos na bíblia as orientações sobre finanças, e dedicamos uma atenção especial à vida de Salomão que, além da sabedoria dada por Deus, sua história também é marcada como o rei mais próspero que já existiu. Aprender com alguém que foi bem-sucedido é sempre um caminho agradável para reduzir as tentativas frustradas da vida.

Vou analisar as finanças partindo das bases da construção, e sob a luz da Bíblia compreender como podemos nos posicionar sobre uma base forte. A alegoria que faço com a construção de uma casa, e em especial sobre as fundações de um imóvel, é justamente para que possamos converter o nosso olhar para aqueles pontos que normalmente não aparecem no cotidiano de nossas finanças, mas que certamente impactam em como sua vida está financeiramente.

Minha esperança é que você possa reavaliar as suas bases e apoiar quaisquer que forem suas técnicas e estratégias sobre um fundamento sólido e duradouro para suas finanças. Não é minha expectativa falar em técnicas ou estratégias a serem aplicadas no seu dia a dia, pois acredito que as técnicas são influenciadas pela sua realidade local, pelo segmento de negócios da sua empresa ou por suas ambições pessoais se for um projeto individual. Ao longo da minha carreira aprendi que a Bíblia deve ser o nosso guia e a base para todo o nosso caminhar.

Minha ideia é apresentar quais os alicerces das nossas finanças precisam estar colocados para que tenhamos saúde financeira e longevidade para cumprir nosso propósito, seja ele qual for, sem focar em sucesso, prosperidade e dinheiro.

No livro *Como Integrar Fé e Trabalho*, de Timothy keller, este faz um comentário sobre o trabalho de Deus na criação do mundo que eu sempre tento trazer para o meu trabalho e como eu devo lidar com finanças. Em um dos trechos de seu livro ele afirma que "Deus criou o mundo não como um soldado cava uma trincheira, mas como um artista cria uma obra-prima[1]". Creio que essa é a diferença entre trazer à existência algo perfeito, e simplesmente desenvolver um projeto de qualquer forma apenas por sabermos que é para uso temporário. Quando falamos sobre os fundamentos de finanças estamos pensando em algo que queremos impactar o futuro por muito tempo e não simplesmente vender o almoço para pagar o jantar.

Como cristãos temos sempre uma sensação de que falar de finanças é estar apegado ao dinheiro e, portanto, distantes do reino de Deus. Algumas vezes nos vem à cabeça até a passagem de Mateus 19:24 que é mais fácil um camelo passar pela abertura de uma agulha do que um rico entrar no reino de Deus. Sabemos que o dinheiro, sucesso e prosperidade são algo efêmeros nessa vida, e por isso mesmo é que saber os fundamentos nos quais suas finanças estão construídas te dará uma visão mais ampla de propósito e futuro.

---

[1] KELLER, T.; ALSDORF, K. L. *Como integrar fé e trabalho*. São Paulo: Editora Vida Nova, 2014. p. 36.

Ao longo da minha trajetória profissional tive a oportunidade de conviver com diversas empresas e empresários e a na sua totalidade estão sempre buscando melhorar ou gerir seus negócios de forma que o amanhã seja melhor que hoje.

Por que Princípios?

Antes de seguirmos falando de princípios e de conhecer as bases para uma finança saudável, vamos alinhar aqui alguns conceitos importantes sobre o tema para que tenhamos um entendimento pleno e um aprendizado duradouro.

Você irá perceber que falaremos bastante de Salomão e de suas riquezas imensuráveis, daremos exemplos de personagens bíblicos que tiveram prosperidade financeira, mas já parou para pensar que naquele período não existia a moeda na forma como temos hoje? Já parou para pensar que nas finanças daquela época não se tinha as técnicas para apurar um balanço patrimonial como temos de forma mais acentuada após o império romano?

O surpreendente disso tudo é que justamente por esse motivo é que conseguimos trazer à luz os conceitos de alicerce e a construção aparente que vemos. As paredes podem mudar, o telhado pode ser diferente, as técnicas vão se aprimorando, os materiais utilizados são outros. Com o passar dos anos e com mais estudos nessa área, as técnicas se tornam mais precisas na sua aplicação. A surpresa é que as casas sempre precisaram de um alicerce que as sustenta de pé, independentemente do material ou arquitetura que esteja por cima.

Como mencionei no início deste livro, um dos versículos que mais me chamou atenção, e que a partir dele iniciei minha jornada como empresário, foi o verso 3 do capítulo 16 do livro de Provérbios. Planejei minha saída de uma multinacional, para seguir um plano que sei que foi Deus quem plantou em meu coração. Nesse capítulo de Provérbios Deus nos orienta a apresentarmos diante Dele os nossos planos e eles darão certo. Eu já havia passado por Provérbios várias vezes, mas no dia que ouvi esse versículo em um evento para empresários, parece que ele bateu em meu peito com tanta força, pois eu sempre pedia a Deus para abençoar minhas petições, mas eu nunca havia gastado tempo elaborando para minha vida um plano de verdade. Fazia planos para empresas que eram minhas clientes, mas jamais tinha feito um planejamento estratégico para aquilo que eram meus projetos de vida. Passei a ter esse lema em minha vida, e orientar os que me buscavam conselhos a fazer o mesmo.

Com o tempo fui percebendo que não era apenas ter o plano formal, mas em quem apoiamos o nosso plano. Apresentar diante de Deus é saber que estamos colocando nossas ações em uma base sólida. Quando subimos de nível em nosso planejamento, saímos dos aspectos técnicos ensinados nos bancos escolares, e passamos a buscar o propósito de o porquê estamos fazendo aquilo.

Não é sobre o que fazer ou agir, quando aplicar determinada técnica, mas sobre como você ou sua empresa deve ser para suportar o que você planeja fazer. Com a leitura deste livro, o que espero que é haja uma reflexão profunda em suas bases e que dentro da sua própria realidade possa construir seus princípios de forma sólida.

Navegue por suas redes sociais de *networking* e vai perceber que 90% das divulgações comerciais são como fazer melhor os processos e práticas. Mesmo nas consultorias de gestão, o produto exposto é a aplicação de uma técnica inovadora, um recurso mais dinâmico, mas são raríssimas as vezes que vemos uma orientação sobre os princípios que temos que seguir para as finanças.

Não sou de defender a tese de que para tudo na vida há uma área cinza. Uma área onde não fica evidente o certo ou o errado. Um ponto que temos que relativizar nossas certezas ou nossos princípios em prol de uma outra verdade conflitante com nossas crenças. Isso se aplica a muitas coisas, mas não podemos aplicar esse conceito sobre nossos princípios ou sobre a base da nossa fé. Considerando então que preto e branco também não se aplicam a tudo, então como podemos definir o que pode ser binário ou não? Não quero entrar em uma conversa sem fim com vocês sobre a filosofia da vida, mas apenas dizer que quase sempre que buscamos relativizar algum conceito ou princípio, o fazemos para justificar algo que não estamos seguros. Quase sempre que isso ocorre, é por falta de um entendimento claro sobre quais são nossas bases de sustentação. No tocante a finanças, não vamos traçar uma verdade única quanto à sua prática, mas simplesmente demonstrar quais princípios a Bíblia nos mostra para podermos construir como alicerce para alcançarmos resultados duradouros.

Se você é da área de finanças e frequenta, ou frequentou, algum curso nessa área, deve ter percebido que há um foco muito forte nas técnicas de finanças para aplicação em situações do cotidiano. Cada dia mais as escolas e universidades têm focado em ensinar os aspectos práticos e menos em teoria. Muito menos ensinar princípios.

Precisamos ter em mente que um princípio é atemporal, ou seja, ele vale independentemente do tempo ou do espaço onde ele é aplicado. Os princípios vão sendo formados em nosso caráter ou cultura organizacional ao longo do tempo e baseados nas nossas experiências de vida. Isso fica claro no versículo de Provérbios que nos instrui a ensinar a criança no caminho em que deve andar, e até quando crescer, não se desviará dele. Quando estudamos a técnica da aplicação de conceitos, na verdade estamos estudando como dar os passos, mas não estamos aprendendo a direção, o caminho ou mesmo a estratégia para chegar no destino.

Nossas decisões na área financeira começam a ser tomadas no nosso subconsciente. Antes mesmo de colocarmos no papel uma estratégia ou de construirmos as paredes da nossa casa financeira. Antes dos processos, dos controles, da escolha do investimento que acreditamos ser o melhor, nossas bases de experiências passadas e de princípios intrínsecos no mais profundo do nosso ser, já estarão ali definindo onde essas paredes serão construídas.

Ocorre que nossa leitura de mundo muitas vezes distorce a realidade dos fatos e vamos construindo princípios que nos levam ao fracasso.

Capítulo 2

Primeiros Passos

O Senhor firma os passos de um homem, quando a conduta deste o agrada.
(Salmos 37.23 NVI)

Crises são passageiras

Se você é empresário, certamente já deve ter vivido alguma crise em seu negócio. As crises podem ter motivação interna ou externa, de pessoas ou de processos, financeiras ou simplesmente de capacidade produtiva. As crises no cenário econômico em geral são sazonais, mas crises na gestão de pessoas, a gestão da sua cadeia de fornecimento, e em diversas outras áreas de negócio são quase que rotineiras. Bons gestores sabem que crises são passageiras. Crises podem ter intensidade e duração diferentes, e as mais fortes podem até mudar sua visão estratégica e a forma como você irá enfrentá-la. O ponto é que, quando temos realmente uma consciência de que são passageiras, raramente deixamos que essas crises gerem alguma dúvida ou tenham impacto em nossos alicerces.

Quando somos chamados por empresas para prestar nossa consultoria, é comum nos depararmos com problemas semelhantes em empresas diferentes, contudo, o impacto causado pelo mesmo problema difere entre elas. Isso decorre do fato de tais empresas estarem fundamentadas em bases diferentes. Identificar quais pilares estão mais fragilizados é normalmente o primeiro passo que tomo ao iniciar um trabalho. Saber as técnicas para recolocar no lugar as peças que foram espalhadas por uma crise é simples, pois os livros de administração empresarial e as instituições de ensino tradicionais já nos remete a essas técnicas. Realizar um diagnóstico de quais pilares estavam fragilizados e fizeram com que o impacto da crise tenha se agravado na empresa é a forma mais segura de reconstruir processos e finanças de modo que outras crises não tenham tanta relevância.

Situações como a que enfrentamos na pandemia do Covid-19 me fizeram mudar bastante a forma de agir como empresário e minha atuação no campo da consultoria, mas eu mantive vivos os princípios que norteavam o meu planejamento em todos os projetos, porque os princípios não têm relação apenas com o que eu faço, mas com quem eu sou. Por outro lado, nesse período pude perceber também como alguns dos empresários e gestores apoiavam-se em pilares tão frágeis ao atravessar crises. Embora as crises sejam passageiras, elas revelam as fragilidades de quem constrói suas finanças sem os devidos pilares de sustentação.

Construir novas bases

Mudar bases fracas é o que você precisa para ter sucesso. Você já deve ter ouvido inúmeras histórias de pessoas que ganham em loterias e sorteios, e pouco tempo depois já não tem mais nada. O dinheiro até poderia ajudar a melhorar muita coisa na vida, mas o princípio básico de "ganhar sem trabalhar" já estava implantado no momento que a pessoa decidiu lançar a sorte.

Em contrapartida, há um discurso recorrente de que o trabalho é a única forma de alcançar o sucesso. Bem, a frase é verdadeira, mas também pode induzir a um erro comum, como veremos a seguir. Essa frase nos ajuda a exemplificar um pouco mais sobre nossa proposta neste livro. Muitos têm em mente um propósito claro, mas não conseguem alcançar um resultado, e ficam com a sensação de que estão nadando contra uma correnteza. Podemos até trabalhar com propósito em mente, mas se não conseguirmos alinhar esse trabalho àquilo que é o nosso propósito estaremos simplesmente andando sem rumo. Se seguirmos trabalhando diariamente sem que o propósito esteja alinhado às nossas ações (que é uma das bases que trataremos), dificilmente teremos sucesso em alguma coisa. Se mantivermos nossa visão apenas no trabalho, dificilmente aprenderemos algo sobre o que está a nossa volta para ajustarmos nossos pés ao caminho que estamos trilhando.

A premissa aqui é que os resultados na área financeira — não falo apenas de retorno monetário, mas do conjunto do sucesso pessoal e organizacional — têm menos relação com a aplicação prática de técnicas e mais com as bases que sustentam o todo. A inteligência e conhecimento dispensados nos processos são importantes, mas não são a únicas bases de sustentação do resultado. E se não fosse assim, somente seriam bem-sucedidas as pessoas com uma cultura elevada e com horas e horas de estudos financeiros.

Existem autores que falam do uso da psicologia para contribuir com a ascensão financeira. Essa linha de pensamento associa suas crenças e valores aos eventos que são executados por eles, e o conceito de que é preciso reprogramar a mente para novas atitudes. Isso até funciona se ao construir novas bases tenhamos em mente princípios sólidos, ao invés de apenas alimentar o próprio ego com a ganância por sucesso e riquezas.

> *"A base não é mais importante que a prática ou a estratégia, mas é igualmente fundamental para que o todo se sustente".*

O escritor Morgan Housel, em seu livro *A Psicologia Financeira*, descreve que o sucesso financeiro não é uma habilidade técnica, mas sim uma habilidade pessoal, na qual o seu comportamento é mais importante do que o seu conhecimento[2]. Eu concordo com ele que a habilidade técnica, embora ajude, não determina o sucesso, que é muito mais pautado por aquilo que está dentro de nós. No entanto, quando entramos nesse campo, vamos nos deparar com alguns especialistas em imagem oferecendo um "treinamento" para que a pessoa simule o

---
[2] HOUSEL, M. *A psicologia financeira*. Rio de Janeiro: Editora Harper Collins, 2021. p. 15.

comportamento correto ou adequado ao sucesso. A minha percepção é que é fácil simular comportamento aceitável pela sociedade. Entretanto considero que sem um firme fundamento, o sorriso cativante, a gentileza em reuniões de grupo ou mesmo as palavras assertivas e doces de uma programação linguística bem-produzida não criam uma base sólida capaz de resistir às intempéries do tempo.

Se você então me perguntar se eu acho que pessoas nascem predestinadas ao sucesso e outras não, minha resposta é: não. O comportamento ou a missão e valores de uma empresa são desenvolvidos pela cosmovisão de seus sócios, mas não é algo estanque e podem ser trabalhados e aprimorados com o tempo. Para isso, é necessária uma reflexão honesta sobre seus fundamentos, seu passado e suas expectativas. Não dá para fingir, ou treinar apenas para refletir uma boa imagem exterior. Neste livro, eu o convido a abrir-se aos princípios aqui abordados e avaliar quais deles precisam ser incorporados por você de forma sincera e definitiva. Falaremos mais sobre a integridade como base no decorrer dos temas. Prepare seu coração e espírito para receber as palavras que irão ajudá-lo a construir um novo modelo em sua vida e em sua empresa.

Convenções e conhecimento

A sociedade determina convenções que devem ser seguidas por todos, ou, pelo menos, no discurso é assim que parece. Uma criança não deve aceitar doce de estranhos, não devemos jogar lixo na rua, é respeitoso dar bom dia ao encontrar um conhecido na rua. Por outro lado, os costumes podem mudar em diferentes sociedades, regiões ou crenças. Em algumas culturas não se entra em casa com o sapato que veio da rua, em outras, curva-se levemente a cabeça ao cumprimentar alguém, já em outras, estranhos que acabaram de se conhecer cumprimentam-se com abraços e beijos. Fazer diferente daquilo que a convenção lhe impôs pode ser constrangedor pelo simples fato do desejo humano de pertencimento. Queremos agradar os que nos rodeiam e assim vamos nos moldando à realidade de um costume ou convenção social. Em finanças não é diferente. Muito do que fazemos ou a forma como o fazemos é pautado em um molde a que fomos sendo acomodados ao longo do tempo. Por essa razão é que, embora muitos saibam dos riscos que correm em determinada operação, continuam operando mesmo assim para adequar-se a uma convenção que foi modelada para as sociedades atuais. Imagine por um instante em um cenário de 50 anos atrás e a forma como eram feitos negócios no mundo. Pense como deveria ser o sistema bancário sem cartões, sem internet, sem computadores. Vamos além. Pense em uma sociedade bem antes de Cristo, sem banco, sem moedas como as que conhecemos hoje, com comércio rudimentar. Ainda assim, nada impedia de que fossem contabilizadas riquezas, ou mensurados o sucesso de alguém. Personagens históricos da Bíblia como Abraão, Salomão e Jó são lembrados, entre outros, por sua riqueza.

O ponto é que alguns padrões que observamos em personalidades do mundo atual, que divergem muito dos princípios bíblicos apresentados neste livro, acabam convencendo algumas pessoas de que são o caminho mais acertado para o sucesso. A própria definição do sucesso é relativa na história, mas não vamos entrar nesse mérito, pois não é o nosso objetivo neste livro.

Deixe-me exemplificar como alguns desses padrões vão sendo construídos. Certa vez li um livro categorizado como de autoajuda, em que os sócios de uma grande empresa de sucesso relatavam como *chegaram lá*. Um fato que me chamou atenção na leitura foi o indicativo de que a receita de sucesso deles passava pela agressividade com que trabalhavam em suas finanças, e a forma dura e metódica com que lidavam com seus funcionários para que esses pudessem produzir mais e mais, todos os dias. Desse discurso decorria frases de efeito, posts em redes sociais e milhares de pessoas curtindo, repetindo e elogiando o simples fato de aprender a dizer "não". Não demorou muito para que me deparasse com várias pessoas que diziam não para tudo que lhe pediam, e com orgulho afirmavam que aquilo havia mudado sua vida.

De fato, as empresas conduzidas por esses autores tiveram muito sucesso, mas eu creio pouco que seja exclusivamente por seguir esses princípios de austeridade e dureza em seus posicionamentos.

Eu afirmo isso por dois motivos simples: o primeiro é que a Bíblia nos ensina sobre o caráter generoso de Deus. Justo, mas generoso, longânimo e benigno. Justiça e generosidade não são excludentes. Os princípios apresentados pela Bíblia não condizem com a maioria dos exemplos que vemos na sociedade. Caminhar em conformidade com o que é certo não nos impede de ter um coração aberto. O segundo motivo são os bastidores desse sucesso. A apresentação do resultado, da performance e do sucesso desses profissionais era sempre da empresa, mas nunca da pessoa física. Quando precisavam apresentar algum resultado pessoal, só podiam apresentar uma casa grande, um carro do último ano, e só. Mas para os curiosos de plantão, bastava uma busca em redes sociais que chegariam a uma família destruída e que já não convivia em harmonia. Um dos fatores que me incomodou como executivo de uma multinacional, e me fez planejar uma transição de carreira para consultor financeiro em minha própria empresa foi justamente o fato de que os princípios que estavam no discurso de sucesso não correspondiam à realidade em suas vidas pessoais. Eu via meus superiores — em sua grande maioria — com uma família destruída, passando pelo segundo, terceiro ou quarto casamento. O nome dos filhos marcados em agendas de visitas do final de semana. Ou seja, o sucesso valia para os negócios, mas não para sua própria vida, ou para o legado que deixavam à família.

Entretanto, se você não for um cristão, em sua mente você pode até ficar em dúvida quanto ao fato de quais princípios seguir. Seguir um modelo de autoajuda que aparentemente deu certo na empresa do empresário biografado, ou os princípios bíblicos que Deus nos deixou. Bem, se você for um pouco mais atento, grandes empresas são normalmente suportadas por um colegiado de magos em finanças, o que normalmente atuam como bases de sustentação diárias para que o castelo não caia. Conhecendo um pouco de como o marketing funciona em empresas, alguns desses livros de autoajuda servem mais como motivação para que os funcionários trabalhem de maneira árdua para gerar mais resultados, do que propriamente como um guia na execução de suas funções técnico-operacionais. Prova disso? Certamente você já ouviu de seu departamento de recursos humanos (ou em processos seletivos pelos quais passou) que a empresa precisa manter uma diversidade de personalidades para que vá bem. Ou seja, ser colérico e dizer não para tudo — exemplo que citei — não funcionaria nem o próprio departamento. Outra prova é que se funcionasse exatamente como uma receita de bolo, todos que seguissem as mesmas técnicas obteriam o mesmo resultado.

Atualmente, há uma série de mensagens dissonantes no mundo dos negócios que nos levam para direções, muitas das vezes, antagônicas. Embora algumas frases de efeito em redes sociais ainda nos alertem para o fato de que o sucesso não se mede apenas pelo dinheiro que se ganha, a grande maioria da literatura dos negócios direciona nosso entendimento para quanto mais melhor, quase que construindo um KPI de sucesso pelo valor na conta corrente. Por mais que o nosso subconsciente nos avise que isso não é verdade, o grito ao nosso redor nos impulsiona a querer mais. No mundo dos negócios vemos vários *cases* de sucesso, inclusive com livros nos ensinando a sermos iguais, onde o resultado é aparentemente positivo, mas os caminhos são absurdamente tortuosos. No ambiente de negócios, quase todos já ouviram falar da Enron, uma empresa que protagonizou um escândalo financeiro mundial, tendo adotado políticas agressivas para obter resultados fáceis. Foi pega em seu erro, julgada, condenada tanto pela justiça quanto pela opinião pública da maior parte do mundo financeiro. Ocorre que outras empresas, porém, não foram pegas, ou conseguiram minimizar os impactos realizando operações ainda mais escusas. Quando não há uma visibilidade negativa, alguns desses empresários são tidos como espertos e inteligentes.

A definição de sucesso em finanças não pode ser delineada mirando somente o resultado alcançado, mas, também, olhando o caminho percorrido até alcançá-lo. Quando avaliamos o alcance de determinado sucesso que fez uso de atalhos, certamente estamos olhando uma foto de redes sociais — entre dezenas de fotos, só postamos aquelas que nos dão a melhor perspectiva, ainda que não represente exatamente a realidade.

É preciso ter cuidado ao comparar resultados, ou fazer *benchmark* com pessoas que aparentemente tiveram muito sucesso, apenas olhando para o resultado que elas alcançaram. Se o seu plano é buscar resultados duradouros, é preciso dar atenção às bases que os sustentem. Pessoas com um resultado surpreendente podem ter sido beneficiadas pela sorte de não terem sido descobertas em suas fraquezas. Além disso, o sucesso admirável pode não passar no teste do tempo.

Quando focamos no resultado, podemos nos deixar influenciar pela aparência de sucesso, sem considerar as bases apodrecidas e frágeis que estão por baixo. Se seguirmos esse modelo, o sucesso será uma questão de sorte e poderá estar limitado a um curto período, mas jamais trará resultados duradouros.

Primeiro ato

Sempre que planejamos construir algo, o primeiro pensamento que nos vem é dúvida sobre qual o primeiro ato a ser feito. Para quase tudo temos um guia, um manual que nos dá uma direção sobre o passo a passo para nossas ações. Mesmo em atividades que tenham variáveis infinitas, como uma consultoria de negócios, existem mapas mentais, quadros resumo, planilhas-modelo que um profissional júnior pode seguir para direcionar suas ações. Mas quando falamos em construir pilares financeiros, que são baseados em princípios, parece se tornar tão difícil pautar um fluxo sequencial para ser seguido. Logo no início de minha carreira profissional abri meu escritório de consultoria contábil-financeira, e iniciei o atendimento de empresas de pequeno e médio portes. Lembro-me de que naquela época eu já buscava a construção de alguns dos pilares, mas negligenciava outros, e não passou muito tempo acabei aceitando uma proposta para me dedicar ao mundo corporativo e abandonar o projeto que certamente era muito próspero. Avaliando hoje as bases que eu tinha naquela época, eu vejo que tinha alguns dos pilares muito bem construídos, mas ainda me faltava maturidade em outros, e isso foi o motivo de ter perdido a visão do projeto naquela época. Lembro como se fosse hoje quando conquistei um cliente grande — nas dimensões do meu escritório — que gerou uma certa inveja de pessoas que estavam na minha rede de relacionamento. Esse era um pilar que eu mais tinha dificuldade de construir. Vamos falar dele mais para frente, mas o fato é que eu não sabia escolher os relacionamentos saudáveis no campo profissional. Embora eu tivesse condições e conhecimento para ter construído pilares sólidos, em algum momento da minha caminhada a atenção àquilo que importa foi deixado de lado. Não adianta eu ter meu pilar de integridade extremamente sólido, e deixar os relacionamentos de lado. A obra nunca ficará firme.

Para os cristãos, a Bíblia é o guia para esses princípios, inclusive os financeiros. A grande questão é que não há um versículo que fale especificamente sobre o modelo econômico que temos hoje com o capitalismo moderno. Essas orientações são dadas pelo exemplo dos mais diversos líderes da Bíblia, e extrair esses ensinamentos olhando para os personagens como Salomão e Balaão, por exemplo, é o que nos dá uma ideia dos pilares que são suscetíveis ao sucesso, e dos que são certeza do fracasso.

Construa seu alicerce

Neste livro, proponho trazer uma série de reflexões e caminhos para que você possa construir suas próprias bases financeiras. Já antecipo que somente ler ou ouvir o que é bom não lhe trará uma mudança efetiva. É preciso praticar. É preciso imergir nesses conceitos para que eles possam transformar sua vida e sua forma de ver o seu próprio mundo.

Imagino que você já tenha saboreado uma laranja bem doce. Não sei que é uma questão de sorte ou não, mas durante a vida encontrei mais laranjas com o índice de acidez acima da minha preferência. Pois bem, agora imagine que eu te diga que encontrei uma laranja doce, tão doce como nunca tenha encontrado antes. Uma laranja que parece ter sido colhida do pé naquela mesma hora, pelo frescor e doçura do seu suco. Sua casca está tão laranja que não parece ser uma fruta de verdade. A quantidade de caroços também é tão pouca que não dá para acreditar que era uma laranja natural.

Observe que posso narrar tantos detalhes que mentalmente você pode reconstruir o conceito em sua mente, mas, provavelmente, não será possível você conseguir aplicá-lo à sua vida de forma plena sem também experimentar do mesmo processo. Na descrição da minha experiência com a laranja, você certamente poderia criar um processo que compare a quantidade de caroços para saber se segue o mesmo padrão, definindo se o rendimento da fruta que está com você é melhor ou pior que o da minha. Se você visse a minha laranja, presencialmente ou por meio de uma imagem — que a tecnologia nos permite registrar por diversas opções — também poderia comparar. Entretanto, será muito difícil que você consiga comparar algo do qual não tenha experimentado o sabor, vivenciado do mesmo momento a fim de que tenha uma experiência completa sobre o tema.

A construção de qualquer coisa na vida é uma caminhada na qual precisamos dar um passo de cada vez, colocando um tijolo de cada vez, e assim vamos construindo algo sólido. Diferentemente do nosso paladar, em finanças podemos construir nossa experiência seguindo os passos de quem teve sucesso. Mas é preciso cuidado para não cair na armadilha de querer conquistar o mesmo que alguém conquistou, mas aprender a conquistar da forma que ele conquistou. O apóstolo Paulo já nos advertia sobre isso no livro de 1 Coríntios quando ele diz "sede portanto meus imitadores, assim como sou de Cristo". Veja que os apóstolos de Cristo absorviam em suas vidas o modelo Cristo, mas não tinham a intenção de conquistar o lugar de Cristo.

O resultado das ações e caminhos de cada apóstolo foi diferente um do outro, mas todos conseguiram compreender o propósito e se firmar sobre os princípios de Cristo.

Correlação — A arte do óbvio

Minha inclinação e formação na área de Ciências de dados fez com que me interessasse ainda mais sobre a origem dos eventos, em especial no campo financeiro. Ainda no início da carreira financeira, trabalhei com tecnologia — que na época ainda tinha o nome de processamento de dados — e, mais recentemente, acabei voltando aos bancos acadêmicos para estudar na área das ciências de dados e *Big data*. O objetivo sempre foi claro no sentido de compreender melhor de que forma as finanças se comportam. Um dos campos de estudo nessa área é a estatística. A correlação é um dos conceitos da estatística que muitos de nós mentalmente e (primitivamente) associamos no nosso dia a dia.

O uso da correlação sobre o que é aparente, aquilo que à primeira vista é o básico, quase sempre nos leva a concluir como sendo óbvio o resultado. Entretanto, se aplicarmos um pouco mais de visão, muito do que ocorre de forma correlacionada com outra variável pode ser apenas uma suposição. Há um ditado comum nesse meio que diz que "correlação não implica em causalidade". Em outras palavras, nem todo fato que visualmente demonstra estar correlacionado tem a causa realmente atrelada entre si.

Quando vemos um avião ou um veículo, sabemos que ali existe um motor, embora não o vejamos. Temos noção de que ele existe, e alguém mais especializado pode até saber qual é o modelo pela velocidade, pelo som, ou por outro fator que move o carro. Um construtor consegue ter uma noção do tamanho ou profundidade do alicerce de uma casa pelo tamanho e altura das paredes, mas para ter uma exata imagem do que tem em seu interior, somente quem construiu a casa poderá, efetivamente, informar.

Também é assim com nossos princípios no campo das finanças. Fazer correlações aparentes e tomar decisões movido pelo que é óbvio no âmbito financeiro pode resultar no risco de colocar tudo a perder. Na esfera das finanças ainda há muitos empresários atuando na forma de tentativa-erro. Ao focar a atenção aos pilares, temos muito mais firmeza em nossos passos. Sempre que tomamos alguma decisão pelo óbvio de uma correlação com outro evento não estamos dando um passo com um objetivo certo, mas sim nos apoiando em uma variável que nem sempre é realmente a causa de um determinado problema.

Nos próximos capítulos vamos apresentar cinco pilares de comportamentos que precisamos desenvolver para embasarmos nossas finanças. Pode parecer estranho em um primeiro momento tentar associar *skills* comportamentais com o sucesso financeiro, mas ao estudar o que a Bíblia nos ensina sobre finanças, aprendemos que há uma correlação muito forte entre a forma como agimos e o resultado que obtemos nos planejamentos que estabelecemos para nossa vida.

Capítulo 3

Generosidade

Quem é generoso progride na vida; quem ajuda será ajudado.

(Provérbios 11:25 —NTLH)

Para falar deste primeiro pilar, vamos relembrar um provérbio de Salomão, o homem mais bem-sucedido — financeiramente — da história bíblica. No capítulo 11 Deus registra por meio dos Provérbios de Salomão que "quem é generoso progride na vida". Veja que no texto não há condicionais, não há vírgulas ou fatores de dupla confirmação. O texto é bastante direto quando diz que quem é generoso progride na vida. Para não deixar dúvida, o provérbio ainda contrapõe o exemplo demonstrando que o avarento é amaldiçoado.

Diversas passagens bíblicas demonstram o caráter generoso de Cristo, em especial em relação ao cuidado do próximo. Escolhi falar da generosidade como o primeiro pilar das finanças saudáveis, justamente por saber que ele é contraditório à nossa natureza humana. Embora alguns de nós pareça ter mais facilidade em ser generoso, para todos esse é um pilar que precisa ser trabalhado em nosso caráter.

O caráter generoso

Vamos discorrer neste capítulo sobre o que realmente é a generosidade e como podemos trabalhar para mudar nossa mente, naturalmente egoísta e autocentrada, e passarmos a ter um olhar mais generoso em relação a quem está ao nosso redor.

Para iniciarmos, precisamos partir da premissa de que a generosidade não está restrita à ação de entregar parte do que temos ao próximo. Se fôssemos partir desse princípio, alguém que estivesse iniciando sua carreira, ou alguém que tivesse chegado ao fim de uma carreira jamais teria condições de mudar de vida.

Já vi muita gente fazendo promessas de que se conquistasse algo relevante faria uma doação de parte da conquista para alguma instituição de caridade. Ou algumas pessoas que já possuem boas condições fazendo suas doações como forma de demonstrar sua "generosidade" em uma vitrine de autopromoção. Essas ações embora ajudem alguém necessitado, são repulsivas. Ao nos depararmos com essas situações, nossa tendência é condenarmos esse tipo de ação por ficar claro que muitos agem assim para aparecer, fazer o marketing próprio de pessoa benevolente. Porém, se analisarmos mais profundamente a situação, vamos nos deparar com uma realidade ainda mais desprezível ao constatarmos que pessoas que procedem dessa maneira estão usando a miséria ou a necessidade de outro para se promover.

O olhar para o outro, se preocupar com o que outro sente e precisa, é o que faz a diferença. Muitas vezes a pessoa que age com generosidade não o faz com recursos financeiros. Preocupar-se com o próximo é o que move a alma do generoso.

Assim como eu estive durante anos tentando entender a relação entre generosidade e sucesso financeiro — razão pela qual iniciei o estudo a partir desse pilar — talvez você também esteja curioso para entender como uma pessoa capaz de ajudar os que estão a sua volta tenha mais condições de progredir na vida.

Como comentei há pouco, ser generoso não é algo tão natural ao ser humano, ainda mais no mundo consumista em que vivemos. Quando iniciamos a construção desse pilar em nossa vida, uma das coisas que costumamos fazer é olhar ao nosso redor e escolher alguma pessoa necessitada para "chamar de meu". Escolhemos alguém para concentrar nossa benevolência, nossas doações no frio, nossas roupas de pouco uso, enfim, aquela pessoa, grupo ou instituição que vamos mirar a fim de cumprir nossa cota de generosidade, voltar para nossos lares e aguardar nossa recompensa. Diferentemente da forma como comentamos há pouco, mesmo que não façamos a exposição e o marketing para direcionar os holofotes para nossa generosidade, quando o fazemos simplesmente para cumprir uma agenda de boas práticas, é como construir os pilares da nossa casa na areia instável da praia.

Não se trata de fazer doações, ou ajudar alguém, em silêncio ou trazendo a atenção para nós mesmos. Trata-se do caráter e da sensibilidade em relação ao seu próximo. Nas próximas páginas vamos tentar conectar esse conceito de generosidade e como isso impacta de forma positiva nossas finanças, mas não quero que você tenha como foco a obtenção de vantagem disso. A proposta deste capítulo é a construção de nosso primeiro pilar para que o edifício das finanças fique firme por muitos anos em sua vida.

Você se acha generoso?

Talvez essa seja uma pergunta fácil de ser respondida por qualquer pessoa. Primeiramente por sabermos que a resposta esperada seja um vigoroso "sim". Culturalmente na sociedade atual, nas mídias sociais, até mesmo nas técnicas de marketing e vendas, mostrar-se generoso cativa o outro lado. Em segundo lugar, a indução a uma resposta positiva se dá pelo fato de que também nos atrai estarmos próximos a pessoas generosas. Mas, em geral, sabemos que isso não é natural no ser humano. Esse é um pilar que realmente precisa ser diligentemente trabalhado em nós a cada dia, e mais uma vez ressalto que não se trata de distribuir recursos pois, se fosse assim, somente quem já tem recursos conseguiria construir o primeiro pilar para organizar sua vida financeira. O ato da doação talvez seja a última ação a ser destacada na pessoa generosa.

Outro fato que percebo quando essa pergunta é feita é que algumas pessoas passam a buscar em suas mentes algo que tenham feito no passado para justificar sua generosidade. Novamente, não é algo natural. Sempre que disparo essa pergunta, vejo aqueles segundos em que a pessoa percorre mentalmente alguns anos de sua história, na busca uma ação que justifique uma resposta que claramente precisa ser positiva. A resposta sai quase que arrastando da boca: " humm claro, sim". Uma outra reposta que torna evidente essa dificuldade de afirmar ser uma pessoa generosa é: "me considero sim". O fato de ter que afirmar que se *considera* generoso muito provavelmente acontece por saber que seus atos normalmente não são vistos dessa forma por outras pessoas, apenas no seu subconsciente é que acredita na generosidade.

Ser generoso está mais relacionado com a atenção que direcionamos à necessidade da outra pessoa. A Bíblia é repleta de ensinamentos sobre amar o próximo. Quando começamos a entender realmente o conceito do cuidado com o próximo começamos a dar os primeiros passos na construção do nosso pilar de generosidade. Passando dessa fase, a resposta à essa pergunta começa a ficar mais difícil de sair com tanta rapidez. Se julgarmos com honestidade nossos atos, nossas ações de generosidade começam a ficar mais escassas.

Uma verdade nesse sentido, quando confrontamos nosso inconsciente na tentativa de responder à essa pergunta, é que nosso amor ao próximo e nossa generosidade, em geral, é seletiva. Amamos muitas pessoas, temos disposição para ajudar de forma imediata as pessoas que estão em nosso ciclo. Pessoas que não conhecemos, escolhemos com muito critério quem iremos ajudar. Aqui inicia o ponto da generosidade que confundimos com doação. As escolhas que fazemos para contribuir precisam também comprovar que estão em situação de dificuldade extrema para receber nossos donativos. Uma comunidade em situação de risco, moradores de rua ou famílias desempregadas precisam passar por um crivo rigoroso para estarem aptas a receber nossa atenção. Instituições de assistência social especializadas em arrecadação sabendo disso fazem campanhas que te dão direito a um recibo ou até plaquinhas de doador para estimular os generosos benfeitores na escolha desse projeto. Brincamos de deuses e construímos pilares imaginários na nossa jornada.

A resposta positiva para essa pergunta é esperada daqueles que realmente se preocupam com pessoas. O interesse genuíno por ouvir, por entender, por se preocupar com o próximo é que faz de nós uma pessoa generosa. O interessante é que isso não é algo inato em nós. Alguns conseguem desenvolver essa habilidade mais cedo, outros precisam de mais tempo para entender o que é amor ao próximo, mas o ponto que precisa estar claro no nosso entendimento é que a generosidade pode ser construída em nós. Se trabalharmos nossas prioridades, nossas emoções, nosso conhecimento da essência de Deus, vamos moldando esse pilar que é importante para sustentar nossas finanças de forma saudável. Pode até parecer contraditório, que o fato de que ser generoso com outras pessoas trará um resultado positivo em nossas finanças, mas vamos construir esse entendimento nas próximas páginas.

Quem é generoso progride na vida

Para entender essa passagem de Provérbios que afirma com tanta certeza que a pessoa generosa progride, precisamos fazer uma leitura de todo o capítulo e perceber o caráter de Deus sendo revelado na sua palavra.

Nos versículos iniciais Salomão apresenta o caráter da justiça de Deus, relatando que "o Senhor Deus detesta quem usa balanças desonestas". Os versos seguem e, mais à frente, seu caráter justo é novamente revelado na afirmação: "o comerciante que armazena mantimento, esperando preço mais alto, é amaldiçoado pelo povo". Mas o que justiça, generosidade e prosperidade têm em comum? Todos elas refletem uma outra essência de Deus que é "Relacionamento". Sobre o pilar do relacionamento trataremos mais adiante. Justiça e generosidade se conectam na forma como nos relacionamos com nosso próximo, e este capítulo de Provérbios nos mostra que não há como progredirmos na vida se nos relacionarmos de forma egoísta.

Se refletirmos sobre nosso próprio ambiente, vamos perceber que naturalmente vamos afastando de nossa rede de relacionamentos as pessoas avarentas, mesmo que não estejamos esperando nada delas. É muito comum e recorrente a todo ser humano buscar pessoas que também prezem por se relacionar. Até mesmo em nossa memória somos seletivos. Não sei qual a idade você tem ao ler este livro, mas se você fizer um exercício de reflexão e tentar trazer à memória todos os seus anos de vida para nominar todos aqueles que passaram por sua vida, de quantas pessoas lembraria? Quais as primeiras que lhe vêm à memória? É muito possível que você não consiga recordar de todos que passaram por você, mas é muito provável que você se lembre de todas as pessoas que, generosamente, estiveram ao seu lado em momentos de dificuldade.

A generosidade tem esse efeito em nós, pois nos revela relacionamentos verdadeiros e com os quais nosso instinto natural deseja manter laços mais estreitos e por mais tempo. É verdade que muitas vezes guardamos lembranças de pessoas extremamente más, mas obviamente com sentimento de repulsa ou medo, com os quais jamais desejamos nos relacionar. A questão que precisamos considerar é o fato de que pessoas indiferentes à nossa vida, problemas e necessidades, caem no esquecimento.

Para prosperar e progredir na vida, o relacionamento é essencial. Não se pode colher se não plantarmos. Aqui vale uma reflexão sobre uma linha tênue entre a generosidade e o oportunismo. Ajudar pessoas ou contribuir com algo esperando algo em troca é oportunismo, equivalente a uma pessoa avarenta.

Precisamos trabalhar a nossa essência para que a generosidade em nós seja genuína. Praticar e cultivar relacionamentos, olhar para o próximo sem intenção de receber algo em troca é realmente difícil, principalmente se essa nunca foi a forma como nos comportamos. Mas não é impossível. O desejo de mudar para sermos melhores, e não pela promessa de prosperidade financeira, deve vir em primeiro lugar.

Uma outra verdade é que vamos errar. Haverá dias em que nossa essência pecaminosa irá prevalecer e nosso egoísmo e nossa avareza irão florescer. Precisamos estar cientes de que cultivar esse caráter deverá ser uma prática de todos os dias.

Valores, desejos e princípios

Por vezes vejo nas redes sociais frases de efeito ou vídeos de marketing pessoal em que a pessoa diz que seus valores são atitudes como a liberdade, independência, foco, autonomia etc. Alguns outros um pouco mais conservadores relacionam família, fé, integridade.

O primeiro passo aqui é distinguirmos valores e desejos. Os valores que cultivamos ou aqueles que somos educados desde a infância são atributos que nos distingue como ser humano, grupo ou sociedade. Em boa medida, os valores que normalmente se vendem nas redes sociais são positivos e esperados, mas em grande parte se encaixa mais como desejos do que propriamente como valores reais. Por vezes, somos moldados pelo ambiente à nossa volta, definido em nós valores — podendo esses valores serem positivos ou negativos — e que acabam por influenciar nossos sentimentos e geram em nós um forte desejo de pertencimento e acolhimento do grupo. Com isso, passamos a expressar ou copiar esses valores. Alguns deles podem realmente se tornar a ser parte de nós, mas, na grande maioria, são apenas desejos. Precisamos separar de forma clara aquilo que são os nossos valores e o que são apenas desejos.

É comovente ver um recorte de discurso motivacional, onde todos esses valores pessoais se encaixam em um desejo social legítimo. O ponto é que enquanto vamos aprofundando no discurso — obviamente quando o apresentador consegue fazê-lo de forma ordenada e contínua — podemos ver que esses valores são fundamentados na recepção de bens para si, não na entrega ao próximo. Pouco tem a ver com valores. Veja que ficam de fora o próprio interlocutor da mensagem. Independência, foco, até mesmo integridade, família, são aquilo que os locutores pregam como valores, mas traduzindo sempre um desejo daquilo que querem para si, não aquilo que oferecem ao próximo. É sutil a diferença e talvez por isso conseguem ludibriar tantas pessoas com um discurso de valores positivos. Veja que é bacana construir valores de independência financeira e foco, desde que não seja para dizer que preferem caminhar sozinhos sem ninguém os atrapalhando seu desenvolvimento. Integridade, para justificar que são melhores que outros, também se esconde atrás de uma palavra que hoje a sociedade sente falta.

Há tantos valores pregados hoje nas mídias sociais que a leitura do contexto difere do significado real que são esperados. Esse fato ocorre em grande parte pelo fato de que a sociedade vem se distanciando de princípios. Valores construídos sobre pilares errados acabam por gerar efeitos negativos, e perpetuam falhas que nem sempre são percebidas.

A generosidade precisa ser um pilar dos valores que temos. Perceba que qualquer valor que tenhamos para trazer benefícios para nós mesmos deixa de ser uma virtude e passa a ser um atributo negativo. Pense por um momento que valorizar e respeitar a família possa ser um valor importante a ser cultivado. Mas se esse respeito e valorização forem apenas em relação à sua própria, e não em relação ao conceito de família, deixa de ser um valor. Valorizar a sua família por um simples desejo de pertencimento ou status não representa um atributo positivo a ser cultivado.

Um fato que devemos observar é que os valores são atributos que podem ser percebidos e visualizados, mas normalmente os princípios são algo íntimo de cada um. Percebemos os princípios nos resultados de nossas ações, em especial na constância da aplicação de valores positivos que vemos nas pessoas. Por essa razão que apelidei os princípios de pilares. Sabemos que eles existem, eles sustentam uma obra, mas não necessariamente aparecem.

E aqui surge uma polêmica. Se os princípios refletem ou impactam valores e desejos, como posso afirmar que eles são íntimos e não são externalizados? O ponto é justamente a pressão que o meio exerce. As mídias de massa nos fazem adequar-se ao meio, em relação a valores que supostamente são os melhores e isso se torna imperativo no processo de aceitação no grupo. Passamos a verbalizar algo que é amplamente pregado, mas sem uma mudança interna dos princípios que nos norteiam. Ao saber o que a sociedade espera de nós, seguimos um fluxo social perfeito — como cristãos até mesmo alguns dos valores sociais precisamos questionar — sem, de fato, que nossos pilares estejam firmes.

A empatia abre portas

Uma verdade que talvez já seja senso comum, é que devemos ter empatia pelo próximo. Hoje, praticamente, o mundo todo prega a empatia como uma forma de combater o preconceito das pessoas, e, com isso, mesmo quem não pratica a empatia no seu conjunto social, sabe que precisa manter o discurso e as aparências na defesa desse atributo. É ruim quando isso acontece, pois dessa forma perdemos a referência do que realmente importa. Quando um atributo é definido pela pressão social, acaba que muitos que deveriam trabalhar dentro de si o atributo, acaba apenas repetindo um discurso sem nunca se preocupar em buscar uma mudança verdadeira.

Embora a empatia sozinha não represente um pilar importante no aspecto financeiro, sabemos que esse atributo abre portas para que possamos aprimorar a nossa generosidade. A empatia sem ação não gera generosidade. Podemos ter a capacidade de nos identificarmos com outras pessoas, e sentir o que elas sentem, nos colocar no lugar do outro — embora essa última frase acabe tendo um sentido duplo, pois a empatia não significa trocar de posição ou assumir um problema no lugar de outra pessoa, mas apenas ver uma situação pelo ângulo que a outra pessoa está —, mas em nenhum momento cedermos um espaço em nossas vidas para que realmente a outra pessoa possa ser de alguma forma tocada por nossas ações. Compreender o estado emocional de outra pessoa não divide a carga que ela esteja carregando, se não compartilhamos tempo, atenção ou, até mesmo, recursos.

Por outro lado, quando vemos alguma pessoa executando ações generosas, mas sem que tenha empatia, muito provavelmente é alguém que esteja tentando apenas cumprir uma cota de generosidade para pagar uma cota social que sua própria mente o obriga.

Uma característica minha durante toda vida é que sou pessoa bastante introvertida. Embora seja professor há muitos anos, sempre mantive meus relacionamentos em um círculo bem fechado. Nos anos que assumi uma função de gerência em uma das empresas de consultoria que trabalhei, acabei também assumindo um desafio de comandar um escritório recém-inaugurado em uma cidade do interior do estado. Esse compromisso incluía a responsabilidade por alavancar novos negócios, ou seja, vender. Embora eu conhecesse muito bem o escopo de trabalho da equipe, pois nessa época já dominava muito bem meu trabalho, a função de fazer relacionamentos e captar novos negócios não eram muito minha especialidade. Confesso que no início foi bastante traumático, pois sempre via os vendedores mais experientes com muita oratória, técnicas de vendas aperfeiçoadas com muita retórica.

Havia uma meta clara que eu precisava alcançar, então comecei a buscar alternativas para me apresentar nas empresas e assim poder oferecer os serviços que estavam no nosso portfólio. Aos poucos, com a ajuda de uma secretária, começamos agendar algumas visitas nas grandes empresas da região, onde eu levava algum material impresso e apresentava nosso novo escritório na cidade, e sempre deixava que a pessoa que nos recebia falasse mais sobre a empresa e os problemas que tinham no campo das finanças e contabilidade. Algumas vezes fui apelidado de vendedor que não falava muito, pois eu realmente falava apenas o necessário.

Por ser uma cidade do interior, a economia girava em torno do agronegócio, e grande parte das empresas era desse segmento, um fato que para mim favorecia, pois nasci e cresci em um estado totalmente ligado ao agronegócio. Como deixava a palavra sempre com o cliente, eu conseguia escutar e ir tomando nota de pequenas dores que eles tinham em relação ao mercado, política cambial, ou mesmo dificuldades de controles internos para avaliar de que forma eu poderia ajudá-los. Algumas vezes as empresas não abriam muitas informações, mas eu fui aprendendo e enxergar essas dores, mesmo quando eles não abriam de forma clara. Colocando-me na posição deles, eu conseguia sugerir processo ou apresentar ideias que geravam insights de soluções que eles ainda não haviam pensado.

Algumas dessas empresas passaram a contratar nossos serviços básicos, ou seja, aqueles com um ticket médio baixo. Por outro lado, elas passaram a estar sempre abertas a me receber, pelo fato de que eu dedicava tempo para ouvir as dores do negócio em cada uma dessas empresas. Nosso serviço envolvia apenas contabilidade e finanças, mas muitas das vezes as visitas passaram a ser para conversas aleatórias sobre as operações e formas de melhorar as operações desses clientes.

Em pouco tempo os resultados foram chegando e as metas que tínhamos foram sendo alcançadas. Sempre mantive meu jeito introvertido de ser, mas o fato de sempre ouvir e me colocar no lugar do outro abriram muitas portas na minha carreira profissional.

A generosidade apoia o relacionamento

Neste capítulo, estamos focando no pilar da generosidade, mas conforme avançamos em cada um deles, veremos praticamente que todos os pilares se entrelaçam. Cada um deles tem sua importância na construção de uma base forte para as finanças, mas veremos que juntos eles têm uma aplicação lógica que os une.

A generosidade precisa estar muito relacionada ao relacionamento que estamos cultivando. Vimos que para ter uma generosidade verdadeira precisamos ter empatia e, principalmente, estar focados no relacionamento que se constrói com o próximo, mas o ponto que quero abordar é que o inverso também é verdadeiro. O relacionamento precisa ser apoiado pela generosidade.

É possível que consigamos construir relacionamentos de interesse, mas com certeza serão relacionamentos vazios. Quando aplicamos generosidade nos relacionamentos que estamos construindo, essas relações começam a ficar mais fortes e duradouras. E é nesse ponto que começamos a entender como a generosidade impacta nossas finanças. Ao apoiar a construção de relacionamentos, o pilar da generosidade fortalece e fideliza as relações entre pessoas.

Se você em algum momento já atuou no setor privado, seja como empresário ou como parte do corpo de colaboradores — mesmo que em funções administrativas ou operacionais — já deve ter se deparado com a preocupação que as empresas têm em fidelizar seus clientes. Seja a abordagem em clientes pessoa jurídica (B2B) ou pessoa física (B2C), a construção de relacionamentos fidelizados sempre será uma preocupação.

A construção de uma cultura de generosidade é uma base fundamental para que se consiga manter relacionamentos duradouros. Vamos pensar por um instante na parábola bíblica do Bom Samaritano. Ele era um estrangeiro que passando em uma estrada viu uma pessoa precisando de ajuda e não pensou duas vezes em parar, ajudar e aplicar seus próprios recursos sem nenhuma garantia de retorno financeiro. A parábola conta ainda que muitos outros tiveram a mesma oportunidade, mas não fizeram. Quase sempre que essa parábola é contada, a mensagem que é enfatizada nela é sobre como seria a nossa reação em relação ao próximo; se pararíamos para ajudar, ou seríamos como os demais que viram o homem precisando de ajuda e se desviaram dele. No entanto, a reflexão que quero trazer aqui é sobre como esse ato de generosidade pode apoiar a construção de relacionamentos.

A parábola ilustra que três pessoas passaram naquela estrada e viram o homem precisando de ajuda, mas apenas uma teve um ato de generosidade. Se imaginarmos agora que os três personagens fossem comerciantes na sua comunidade, e você tenha que optar por fazer negócios com um deles, qual seria sua primeira escolha?

Eu não tenho dúvidas de que sua mente já remete até mesmo ao termo "é óbvio" que minha escolha seja pelo comerciante generoso. Mesmo que a generosidade não tenha sido diretamente para conosco, há uma atração natural em desejarmos manter o relacionamento com pessoas generosas.

Embora generalizar ações de um grupo seja algo que devemos evitar, mas posso imaginar que muitas empresas que fazem campanha de acolhimento para pessoas menos favorecidas na comunidade visam provocar essa imagem de generosidade, pois sabem que isso atrai a atenção e com isso melhoram suas vendas. Mas se as ações na prática forem apenas de marketing, dificilmente elas se sustentam por muito tempo.

Se você estiver lendo este livro para entender como pode construir suas finanças pessoais de maneira sólida, ter um olhar generoso para o próximo é o primeiro passo. Se a sua meta é que sua empresa esteja construída sobre pilares sólidos, desenvolver uma cultura de generosidade, em que todos seus funcionários estejam alinhados a esse propósito, o desejo de construir relacionamentos duradouros com sua empresa irá transbordar para seus clientes e fornecedores trazendo prosperidade para seu negócio.

Construa muralhas

A Bíblia narra a história de Neemias vivendo cativo na Babilônia, que já completava quase 100 anos desde que a cidade de Jerusalém havia sido destruída. Se você já teve a oportunidade de ler o livro de Neemias, sabe que ele foi o responsável por liderar a reconstrução dos muros de Jerusalém, mesmo vivendo em cativeiro, distante da sua terra. Embora não tenhamos muitos detalhes sobre onde nasceu — se nasceu em cativeiro ou antes da tomada de Jerusalém —, em seu livro Neemias narra uma vida já tranquila e bem-sucedida, pois trabalhava diretamente como copeiro do rei. Essa nossa suposição sobre uma vida tranquila é pelo fato da proximidade que havia entre ele e o rei, a ponto de o rei um dia perceber tristeza no olhar de Neemias e afirmar que não era por alguma enfermidade. Certamente havia um relacionamento próximo entre eles a ponto de compreender seus sentimentos apenas observando seu comportamento.

O detalhe que quero destacar no exemplo de Neemias é o início desse processo que resultou em um grande empreendimento que foi a reconstrução dos muros. A generosidade de Neemias foi o principal fator para que tudo desse certo. Como comentei, provavelmente ele tinha uma vida tranquila e sossegada e não precisava se preocupar com seu futuro. Entretanto, a Bíblia relata que ao ouvir as notícias de que o povo que havia retornado do cativeiro para Jerusalém estava passando por dificuldades, ele se sentou e chorou por vários dias. Observe que ele tinha um coração generoso, pois embora não tivesse com o que se preocupar, ao ver a necessidade do outro ele sente que precisa fazer algo.

A generosidade abre portas para executarmos coisas improváveis, pois nos conecta de forma genuína com nosso próximo e com Deus. O texto do livro de Neemias ainda no seu capítulo 2 relata que havia se passado quatro meses entre ter recebido a notícia da comunidade passando necessidade e ele receber a oportunidade de iniciar sua jornada de empreender sem nenhum recurso em mãos. Talvez ele tenha feito planos, talvez tenha conversado com outras pessoas para convencê-los a assumir esse projeto de reconstrução, mas o ponto é que a generosidade dele fica marcada, pois mesmo depois de quatro meses de ter recebido a notícia, ainda estava em seu semblante a tristeza por não conseguir ajudar quem precisava. Para termos noção de quanta generosidade havia em seu coração, pense por um momento em alguém que tenha te pedido ajuda há dois ou três meses, e por quem seu coração sentiu vontade de ajudar. Achamo-nos generosos, mas muitas vezes descartamos esse sentimento assim que problemas pequenos aparecem em nosso cotidiano. Nossa generosidade é frágil quando comparamos com personagens que conseguiram construir grandes feitos.

Dois pontos chamam atenção na narração dessa história bíblica. O primeiro é o fato de "porque Deus estava com ele, o rei concedeu tudo o que ele havia pedido" (verso 8 do capítulo 2). Deus poderia ter utilizado alguém que já estava em Jerusalém para começar a reconstrução, mas buscou alguém que tinha um coração generoso. O segundo ponto é o fato de que aquele olhar generoso de uma única pessoa culminou na reconstrução de uma cidade inteira. Talvez você pense que não foi por iniciativa de Neemias, mas pelo fato de que Deus o escolheu para essa missão. Sem dúvida Deus é soberano em nos usar em seus projetos, mas certamente ele não irá escolher pessoas que não estejam com o coração alinhado ao seu. Falaremos sobre ter nossas ações alinhadas a um propósito no capítulo próprio, mas saiba que *"'[...] sou eu que conheço os planos que tenho para vocês', diz o Senhor, planos de fazê-los prosperar e não de causar dano, planos de dar a vocês esperança e um futuro".* (Jeremias 29:11 – NVI). Certamente Deus tem planos de construir grandes obras em nossas vidas, mas precisamos ter nossos pilares sólidos para que os passos que venhamos a dar estejam firmes na direção que Ele colocar em nossas vidas.

Filantropia não é marketing

Embora pareça óbvio, vemos muitos que fazem alguma ação de caridade tentando monetizar em cima de sua própria benevolência transformando tudo em marketing nas redes sociais. A ação em si não precisa ficar em secreto, mas realizá-la já com a intenção de obter algum benefício próprio é que descaracteriza qualquer atributo de generosidade. Ao longo da minha carreira fui consultado diversas vezes por empresários que manifestavam o interesse em contribuir para uma ação social, desde que nela fosse possível a obtenção de redução tributária. É um atrativo enorme fazer uma doação cujo valor pudesse ser descontado dos tributos devidos, e ao mesmo tempo construir uma imagem de empresa generosa. Há um certo trabalho e papelada para que isso ocorra dentro da legalidade e realmente o benefício fiscal possa ser usufruído. Mas se a empresa apenas repassa o dinheiro que pagaria ao governo para alguma entidade social, qual o benefício nisso? Todos sabem que há sim um ganho de imagem nesse tipo de marketing. Entre dois produtos similares, muitas empresas passam a escolher a empresa que divulga "valor social". Em outras palavras, pessoas valorizam a generosidade. Se a ação é apenas um marketing transviado de generosidade, isso é outra história.

Mas não pense que simplesmente fazer doações — mesmo que em secreto — irá mudar sua vida. A generosidade tem que ser um princípio, um pilar da sua empresa ou de sua vida.

Tentar passar uma imagem de generosidade sem de fato viver essa cultura poderá causar um impacto negativo maior do que o esperado. Mesmo sem citar exemplos bíblicos como os de Ananias e Safira que tentaram se apresentar diante de Deus com uma mentira, sempre que tentamos viver algo que não seja nossa essência, provoca em nós mesmos o estresse e a infelicidade diária de ter que sustentar uma fantasia.

Resolva seus pecados

Quando apontamos para a generosidade como um pilar essencial das finanças, devemos pensar em um estilo de vida generoso, não apenas como uma ação. Percebo que muitas das pessoas que converso sobre generosidade enxergam uma ação de retribuição por benefícios recebidos de Deus, como se quisessem retribuir a Ele as bênçãos que têm recebido. E essa é uma confusão comum, inclusive, no meio cristão. Pessoas confundindo generosidade com indulgência/pagamento de pecados. Um trecho do livro de Jó no capítulo 41 nos chama bastante atenção a isso quando nos lembra: quem primeiro deu a Deus para que Ele tenha que retribuir? Tudo que está debaixo dos céus é Dele. Embora saibamos, é Ele que nos sustenta e nos dá a vida, por vezes nos pegamos tentando barganhar com Ele uma ação de generosidade na tentativa de agradá-lo.

Deus não espera de nós mais do que a fé. No fundo, muitos dos que praticam a "generosidade" perante terceiros ou mesmo na igreja, tentam simplesmente lavar seus próprios pecados. Infelizmente não é assim que funciona. Generosidade não é troca. Tem mais a ver com ter um coração aberto.

Quando comecei minha empresa, planejei ajudar outros empresários que não tinham condições de contratar uma consultoria. Uma parte do meu tempo eu dedicava a esses projetos *pro bono*. Embora eu sentisse prazer em ajudar, principalmente por ser algo que eu tinha de sobra no início — que era tempo —, minha proposta era devolver a Deus parte do que ele havia me dado para que Ele continuasse me abençoando. Confesso que hoje quando olho para trás me vejo barganhando o sucesso do meu novo empreendimento com Deus. Esse é um dilema difícil de compreender, principalmente quando comparamos com o fato da obediência quanto ao dízimo. Se Deus não quer nada do que temos ou conquistamos, o que justifica a ordenança quanto ao dízimo? Eu ainda complemento o questionamento, por que também precisamos ser generosos? A resposta é simples, precisamos tirar do nosso coração a ganância. O dízimo nos faz lembrar que é Ele quem nos dá todas as coisas e não precisamos remunerá-lo por mais nada. A outra ordenança é amarmos o nosso próximo.

Quando compreendemos quem Deus é, vemos que a generosidade está mais em ouvir do que repartir. Isso não é algo latente em nossas ações. Não se trata de valor agregado ao próximo. Tem muito mais a ver com o sentimento com que fazemos algo por alguém. Se você não sente o coração arder por nada nem por ninguém, dificilmente vai conseguir alcançar sucesso financeiro na vida. Parece contraintuitivo essa afirmação, mas o que nós vemos é que pessoas sem um sentimento de generosidade tem apenas dois caminhos para ter sucesso, e ambos são passageiros: pelo caminho da imposição e intimidação ou pelo caminho da enganação.

Certa vez um empresário com quem tive contato por vários anos me relatou que em um programa de mentoria que estava recebendo de um investidor de sucesso, uma das ações sugeridas era que ele alugasse um carro de luxo, emprestasse algumas roupas de grife e começasse a fazer vídeos relatando ter obtido o sucesso, para que assim pudesse atrair clientes e parceiros para o seu novo negócio. É uma fórmula que realmente funciona por um tempo, mas não se sustenta. Construir um cenário de sucesso para atrair outras pessoas que buscam o caminho fácil para obter recursos é algo que claramente não trará nenhum benefício. No livro de Provérbios tem um verso que diz que "O que anda com os sábios ficará sábio, mas o companheiro dos tolos será destruído".

Se algo nas suas finanças, na empresa ou na sua vida não está certo, resolva com Deus o quanto antes. Não adianta compartilhar seus recursos com quem quer que seja na expectativa de agradar a Deus, pois tudo é Dele. Quando resolvemos nossos pecados e temos clara a nossa relação com Ele, entender e avaliar nosso próprio coração para cultivar a generosidade começa a fazer sentido.

Mudando a realidade das finanças

Se você deseja mudar a realidade das suas finanças ou da sua empresa, comece pela construção do pilar de generosidade. Como já falamos, não se trata apenas de filantropia, não se trata de distribuição de sua renda, muito menos de uma ação de marketing. Mudar uma realidade que já esteja incorporada na sua cultura é algo que precisa ser trabalhado de forma consciente e consistente. Algumas vezes mergulhamos em um ambiente de avareza, narcisismos e escassez, e passamos tanto tempo imersos nessa cultura — seja em uma empresa ou mesmo em família — que enxergar a generosidade como sendo algo positivo se torna muito difícil. Quando estamos por muito tempo nesse ambiente, vemos pessoas gananciosas como aquelas bem-sucedidas, pois tomam para si sempre mais, e conseguem acumular bens materiais em abundância. Essa é uma falha em nossa visão, e mostra que podemos ter nos contaminado com esse pensamento.

Pessoas gananciosas normalmente agem dessa maneira pelo pensamento de escassez que vivem; precisam acumular por acreditarem que amanhã não terão condições de sobreviver. Outro erro nosso é olhar para uma ou duas pessoas gananciosas que acumularam algo — e ainda não perderam — e acreditar que agindo daquela maneira é possível ser bem-sucedido.

Eu tenho certeza de que você já viveu algum momento em que agiu com generosidade, independentemente de ainda estar sustentado sob um pilar de escassez. Tente lembrar desses momentos e compará-los com os que obteve vantagem sobre alguém, conquistando algo que estava além do que era justo. Se você for honesto intelectualmente irá dizer em ambas as situações obteve uma sensação de prazer, mas apenas quando foi generoso você teve também uma sensação que parece ser um misto de orgulho próprio e alegria. O mesmo acontece quando olhamos para outras pessoas e as julgamos em suas ações — infelizmente temos também essa natureza. Quando vemos uma pessoa generosa temos a tendência de nos orgulhar daquela pessoa e buscamos tentar nos relacionar com ela. Quando encontramos uma pessoa gananciosa, por mais que ainda estejamos na mesma cosmovisão, temos a tendência de criar uma repulsa.

Um cuidado que devemos ter é que nesse processo transitório de construção do *mindset* entendemos que precisamos ser generosos, mas ainda a escassez nos faz desejar agir dessa maneira para que possamos ganhar mais. Nesse ponto entra um estímulo muito grande sobre o marketing que falamos anteriormente. Tentamos divulgar nossas ações de generosidade para que isso acelere o processo de retorno financeiro sobre nossas vidas.

    A construção do pilar de generosidade só conseguirá atuar como sustentação dos nossos passos se realmente for sólido e esteja alinhado com os demais pilares que vamos falar logo mais à frente. Para mudar a realidade de suas finanças, meu conselho é que comece por esse pilar, aplicando de forma genuína em tudo que fizer, e sem divulgar nenhum plano seu nesse sentido. Faça um teste por três meses em suas finanças pessoais, no seu trabalho ou na sua empresa, e veja a mudança começar a acontecer.

    A generosidade, assim como os demais pilares, precisa de um propósito claro. Falaremos disso no próximo capítulo. Falaremos também de como tudo isso afeta e o último pilar que vamos aprender que é o relacionamento, mas tenha em mente que a generosidade não é apenas um ato externalizado para o mundo à sua volta, precisa ser algo enraizado dentro de você.

Capítulo 4

Propósito

"Porque sou eu que conheço os planos que tenho para vocês", diz o Senhor, "planos de fazê-los prosperar e não de causar dano, planos de dar a vocês esperança e um futuro".

(Jeremias 29.11 NVI)

Falar em propósito atualmente se tornou quase que um discurso poético nas redes sociais, deixando de lado o fato de ser um fundamento a ser observado. Como um pilar das finanças, a abordagem que faremos aqui é no tocante à compreensão dos propósitos certos para que toda a fundamentação da nossa análise financeira esteja suportada por algo que faça sentido dentro dos princípios bíblicos. Como citei, nas redes sociais tudo se torna poético e adequado, onde cada um define seu próprio propósito e tenta atrair seguidores com o foco exclusivamente de atenção que possa ser remunerada pelas empresas de marketing digital.

Mesmo quando saímos dos holofotes das mídias e entramos em uma corporação que esteja fazendo seu planejamento estratégico, normalmente nos deparamos com a discussão sobre o alinhamento dos propósitos com suas declarações de missão, visão e valores. Muitas vezes essas declarações são, inclusive, colocadas no papel como um sinal de compromisso firmado e depois vão para as paredes do prédio para que todos entendam a visão da empresa. Quem já foi executivo ou administrou alguma empresa sabe que essa rotina realmente ajuda na convergência e no compromisso de todos com um alvo determinado por sua liderança, e muitas vezes o resultado financeiro planejado vem. Mas a análise que eu gostaria de instigar aqui é sobre a perenidade desse processo. Será que ter um propósito claro, bem definido e ético é suficiente para que as finanças estejam sob um pilar firme?

Não é poesia, é análise!

O primeiro ponto que quero analisar é que não somos deuses. Então, vamos partir do pressuposto de que o que está declarado é verdade, sem abrir aqui nenhum julgamento sobre se o que está no papel é realmente o que está no coração. O segundo ponto a ser analisado é se os propósitos declarados em seus planejamentos são condizentes com pilares financeiros sólidos. Aqui a análise é apenas se a missão, visão e valores guardam alguma correlação com manter uma sustentabilidade financeira.

Partindo desses dois pontos, se olharmos para os propósitos de grandes empresas que marcaram seus nomes na história pelo envolvimento em escândalos e analisarmos suas declarações vamos perceber que praticamente todas tinham um proposto bem definido e válido. Empresas como Arthur Andersen, Leman Brothers, Enron e outras tinham em seu planejamento um propósito bem definido, mas de alguma forma falharam de forma drástica. Sei que é difícil separar o nosso julgamento sobre as reais intenções no coração e o comprometimento ético envolvido nesses exemplos, por isso o primeiro ponto que mencionei foi justamente não fazer juízo de valor ao analisar esse caso. O desafio que quero deixar aqui é trazer a percepção de quando julgamos a ética de alguém que tenha fracassado, isso nos afasta da compreensão de que a análise sobre o propósito bíblico como um pilar para nossas finanças é mais profunda do que simplesmente determinar se o coração de quem verbalizou era de uma pessoa justa ou não.

Para facilitar, sugiro que faça essa mesma análise para empresas que não estiveram envolvidas em nenhum escândalo, fraude ou problemas éticos de sua administração. É possível enumerar diversas empresas, inclusive cristãs, que sucumbiram em meio a problemas financeiros. Algumas não conseguiam nem descrever o momento exato que seus pilares começaram a ruir. Com tudo perfeitamente estruturado, planejamento estratégico bem elaborado, Propósito, Missão, Visão e Valores bem definidos, e mesmo assim não conseguem performar, chegando ao ponto de ruptura.

Quando nos deparamos com situações assim, precisamos deixar a poesia e a magia que normalmente envolvem o momento de descrever o propósito, e fazer uma análise do real propósito que está sendo construído.

Se o foco for fazer com que as finanças nos sirvam ou exaltem nosso próprio ego, certamente estaremos nos apoiando em uma base falsa das finanças. O planejamento, as estratégias e as motivações precisam estar alinhadas em um propósito sólido para sustentar as próprias finanças. Veja que se você pensa em satisfazer você mesmo, a base de apoio não estará no mesmo círculo e certamente irá ruir. Sempre que chegamos nesse ponto, a impressão que fica é de que estou defendendo o fato de ter, simplesmente por ter, a exemplo de pessoas que acumulam bens que não utilizam. Dessa forma, também estaríamos construindo um pilar de ganância ou idolatria. Vamos caminhar um pouco mais para entender a afirmação de que as motivações do pilar das finanças é a de sustentar as próprias finanças.

Precisamos pensar as finanças como um *player* independente, para o qual nós trabalhamos e somos remunerados. Mesmo que estejamos trabalhando para a nossa própria empresa, precisamos separar bem as coisas. Quando começamos a trabalhar os pilares de finanças dentro da perspectiva bíblica, precisamos ter a consciência de que somos mordomos daquilo que Deus colocou em nossas mãos.

Embora eu tenha trabalhado muitos anos como consultor de empresas, várias vezes me foi atribuída a responsabilidade de gerir o caixa da empresa. Muitos entendem essa função como tendo foco na prestação de contas, onde se registra tudo que entrou e saiu, de forma a conciliar os saldos de caixa. De fato, se eu fosse me ater somente a essa atribuição do cargo muito provavelmente eu seria visto apenas como um guardião do caixa, e não como um conselheiro.

Mas quando nos aprofundamos no propósito das finanças, e seguimos esse propósito, não podemos ficar passivos diante de falhas na correta aplicação dos recursos.

Durante minha jornada na função de auditor independente, vivenciei o período em que houve a mudança das Normas Brasileiras de Contabilidade aqui no Brasil, onde implementaram um novo demonstrativo financeiro chamado de Demonstrativo de Fluxo de Caixa (DFC). Como toda novidade havia diversas dúvidas sobre como preparar, e em especial para aqueles que estavam acostumados apenas com os demonstrativos básicos, fazer a aplicação dos números nos campos certos parecia complicado. Nesse período eu já exercia a função de encarregado de uma equipe de auditores, e por isso eu orientava essa equipe e alguns clientes em como manter o foco de forma que nunca tivesse problemas na execução desse demonstrativo. Antes de iniciar qualquer lançamento de preparação do demonstrativo, eu sempre enfatizava qual era o propósito por trás dessa informação. Para aqueles que não conhecem esse demonstrativo financeiro, ele demonstra o valor resultante do comparativo entre o saldo inicial do caixa em um determinado período e o valor final daquele período. Pode ser de um mês, trimestre, semestre ou ano, dependendo do objetivo da demonstração financeira. Embora pareça algo simples que se resumia apenas em fazer uma conta de somar e diminuir, muitos tinham dificuldade de conseguir fazer com o demonstrativo tivesse o saldo conciliado depois de encaixar todas as contas no lugar da forma que a norma exigia que fossem apresentadas. O primeiro passo eu sempre orientava para fazer era uma movimentação do saldo inicial de todas as contas, deixando por último o caixa. Depois de ter todas as movimentações que ocorreram, encaixávamos nas linhas exigidas do demonstrativo, e como um passe de mágica tudo fazia sentido e o saldo de caixa estava finalmente batendo. Essa ilustração me faz lembrar sempre que as finanças são consequências de tudo que é feito na empresa. Se não cuidamos com a forma com que operamos os recursos, haverá sempre um impacto no caixa.

Um fato interessante que vejo em muitas empresas em que há falta de visão sobre o uso dos recursos é que algumas tentam acumular o máximo de caixa possível, outras gastam sem se preocupar com o caixa. Ambas em algum momento passam por problemas financeiros. Nas empresas em que a administração gasta mais do que poderia, normalmente me chamam no intuito de ajudá-los a buscar uma linha de crédito para seguir operando. Nesses casos, fica óbvio a falha da imprudência e da irresponsabilidade, e quando fazemos uma avaliação profunda da pessoa responsável pela administração, normalmente encontramos um ego inflado que deseja crescer ou possuir bens que possam ser exibidos como fator de sucesso social e empresarial. Ao perder o foco do propósito das finanças e começar a usar os recursos disponíveis apenas para ressaltar suas próprias virtudes, há um impacto negativo em suas contas.

Por outro lado, quando vemos pessoas que buscam somente um acúmulo de caixa, e que atuam de forma extremamente conservadora, temos a tendência de enxergar esse perfil de forma positiva, porém, também é negativo. Em finanças, os recursos são apenas o resultado momentâneo de uma roda viva das operações. Quando o gestor resolve segurá-lo no caixa em volume maior que o necessário, simplesmente está retirando das operações o combustível que faz com que a roda gire. Nas vezes em que nos deparamos com situações de acúmulo de caixa, vemos a justificativa de que o momento do mercado é muito positivo, e por isso estão acumulando. De forma implícita, estão dizendo que há um mercado pedindo por seu produto, mas que preferem não atender por ter que aumentar sua operação.

Quando falamos de propósito, precisamos entender que finanças não serve para ser ostentada pelo seu volume em caixa, e também não podem ser utilizados como fonte de recursos para ostentar números de faturamento, grandeza de seus ativos, ou da quantidade de colaboradores na empresa.

Se transportamos esses conceitos para as finanças pessoais, também temos os mesmos princípios. Aqueles que gastam seus recursos na busca de aceitação social, seja pela aparência, seja pelos bens que acumulam, estão deixando de lado o propósito principal da vida. Ao olhar para pessoas que de forma inversa não gastam, mas acumulam com foco de garantir o seu futuro, declaram sua falta de fé e o medo de semear para que a colheita seja maior.

Hoje em dia o discurso do propósito se perdeu muito no meio da individualização. Cada um é alto justificado nas suas próprias escolhas. Entretanto, quando olhamos para a Bíblia, entendemos que Deus atribui a cada filho um propósito único. Sempre que tentamos seguir nossa própria consciência apoiados em nossas inseguranças e medos, acabamos por tentar assumir a direção das nossas vidas. Embora isso pareça possível, não passa de estarmos construindo uma casa sem os pilares corretos. Reflita no propósito que Deus tem para sua vida e siga nessa direção. Suas finanças irão refletir esse passo de fé.

Encontrando o meu propósito

Qual é a sua inspiração? Quem ou o quê te inspira a fazer o que faz? Quando você consegue definir isso com clareza, você está a um passo de compreender o propósito que te move hoje. Entretanto, há uma situação muito comum hoje que faz com que nós percamos nosso propósito de vista — as mídias. Já conversei com muitos empresários que ao falar do seu propósito replica a imagem de *influencers* que exibem um sucesso que raramente pode ser validado na vida real. A falha se inicia no fato de que o propósito não pode ser fundamentado no desejo, seja de sucesso, de consumo ou de bens materiais. É preciso entender que suas finanças, se bem administradas, irão fazer você alcançar o seu propósito. Quando colocamos as finanças, ou o que ela pode comprar, como sendo o nosso propósito, entramos em um loop infinito e não conseguimos prosperar. A segunda falha é o fato de tentar espelhar o seu propósito na imagem de outra pessoa. Aqui nem falo em inveja, mas de tornar a admiração que se tem de alguém no seu propósito. Quando ouvimos pessoas eloquentes que nos motiva para um determinado caminho de sucesso, mesmo que não seja sobre prosperidade financeira, acabam nos fazendo confundir a nossa realidade com a projeção do líder, desejando fazer os mesmos feitos. O seu propósito precisa estar claro para que ele comece a fazer sentido na sua jornada. Quando compreendemos o que Deus tem de propósito na nossa vida, firmamos nossos passos na direção certa, e temos uma caminhada muito mais agradável sem desviar ou gastar energia naquilo que não é nosso alvo.

Mesmo se você não for uma pessoa que se considere consumista, já deve ter se sentido tentado frente a um vendedor bem treinado ou um comercial de algo espetacularmente bem desenvolvido para um produto de extrema necessidade, ou não? Certamente já parou em frente a uma vitrine ou esteve a um click do checkout em um site e pensou: compro ou não compro? Infelizmente você chega nessa situação de dúvida por dois motivos: ou você está propenso a comprar algo que não precisa, ou já gastou o seu dinheiro em algo que não precisava e agora está de frente a uma decisão de se endividar para algo que certamente vai precisar. A escolha é difícil nessas situações, pois a saída mais provável é suportar a escassez do momento. Nesse ponto é que utilizamos a expressão "a vaca já foi para o brejo".

Quando ficamos facilmente diante de um *trade off* irrelevante muito provavelmente é porque seu pilar de propósito já está abalado. Quanto mais fundamentados em uma base de propósito, menos sentimentos de tentação nós passamos. Até hoje lembro do dia em que cheguei na sala que foi reservada a mim em uma empresa que foi me dado o desafio de reestruturar toda administração de uma empresa de médio porte na cidade onde morava. Há um certo glamour nessas salas ou em mesas destinadas à diretoria, que acabam elevando o orgulho e a soberba de quem não tem o foco no seu propósito.

Não digo que é fácil separar o status de estar em posição de comando, onde suas decisões precisam ser seguidas por pessoas que estão ali para te atender. Porém, pelo fato de ter por muito tempo atuado como consultor de empresas, onde tínhamos acesso a qualquer nível hierárquico, mas sempre na posição de servir de forma mais direta possível, me acostumei a não me apegar nos detalhes chiques de qualquer sala, mas na causa dos problemas. Ao assumir um espaço que, em tese, estaria ali por mais tempo e com o poder de tomar decisões, me ative aos problemas a serem resolvidos, mesmo que houvesse a promessa de que poderia estar ali por um prazo indeterminado. Manter o foco na razão de estar ali, e buscar soluções para os problemas que levaram a empresa a me chamar para aquela posição, normalmente causava uma certa estranheza em alguns que esperavam alguma soberba envolvida naquela função, como se faltasse algo na minha pessoa.

Mantendo o foco naquilo que importava, com pouco tempo muitos ajustes foram sendo realizados, os resultados esperados começavam a ficar visíveis, e ganhava mais abertura com as pessoas que passavam a comentar sobre o espanto que tinham sobre a simplicidade com que eu levava as coisas. Lembro-me de uma encarregada de outra área perguntando se a forma *"clean"* que eu mantinha a sala era devido a minha cultura oriental. Exceto em reuniões extremamente sigilosas, sempre mantive as portas abertas e a disponibilidade das pessoas compartilharem o meu espaço, pois enxergava que o meu propósito como diretor era o mesmo que o de um assistente ou analista. Todos estávamos ali para resolver situações do cotidiano. Os cargos diferem pelo nível de experiência e responsabilidades, mas nenhum de nós tínhamos o propósito de ser servido, mas de servir. Essa certeza de qual é o nosso propósito faz com que os resultados apareçam e o reflexo é positivo para todos.

Em uma dessas passagens para ajustar as finanças de uma empresa tive a oportunidade de anos depois encontrar o CEO da empresa para um café, que me confidenciou que o período que a empresa esteve em melhor situação foi aquele que eu estava na posição de líder do financeiro. Aquele não foi o período de melhores vendas, ou de melhores condições de mercado, mas estranhamente algo trazia paz. Confesso que me emocionei, mas tiro duas lições desse feedback: quando sabemos o propósito que temos e não nos desviamos dele, Deus abençoa tudo o que fazemos. Não acho que sou mais capacitado do que muitos dos gestores que passaram por ali, mas eu sabia exatamente qual era a minha função naquele lugar, e não me perdia no status da conquista de um cargo de destaque.

Observe atentamente qualquer artigo, livro, blog ou e-book que tenha como tema finanças pessoais. Normalmente tentam te ensinar sobre economizar para gastar em algo futuro, chamado de investimento. Ou querem te ensinar de forma contraditória a sair do buraco financeiro que as propagandas veiculadas por esse mesmo canal te colocou. Quando estamos embasados no nosso propósito, dificilmente caímos em armadilhas que nos levem a precisar de um apoio para sair.

Na Bíblia um dos personagens que temos como referência de prosperidade em finanças é o rei Salomão. Conhecemos a sua história quando Deus lhe aparece numa noite dizendo que ele poderia pedir o que quisesse, e sua resposta foi pedir por sabedoria e conhecimento, e não pediu riquezas, honra ou poder. Quando ele pede sabedoria não foi para se vangloriar, mas sim para ter condições de governar com justiça. Normalmente nós focamos na sua sabedoria que ele pediu a Deus, e talvez associamos que, se pedirmos sabedoria, Deus sempre vai responder da mesma forma como respondeu ao rei Salomão. Porém quando lemos com atenção, vemos que sua intenção não foi atender a si mesmo, mas ele tinha um propósito muito claro. Ele foi ungido rei e queria liderar de forma justa, ele sabia de forma clara qual era o seu propósito e caminhava naquela direção. Um ponto interessante na visão de Salomão é que ele não desejou apenas ser líder, ele pediu sabedoria para fazer o seu melhor e desempenhar sua função de forma justa. A justiça é uma das características de Deus. A Bíblia não nos afirma isso, mas talvez o detalhe de buscar ser justo é que mais tenha agradado a Deus. Podemos definir um propósito, mas ele não se alinhar com os atributos de Deus, de alguma forma não teremos completado nossa missão.

A Bíblia também nos orienta a pedir Sabedoria, e afirma que Deus nos dará com abundância. Precisamos alinhar propósito, sabedoria e atributos de Deus em nossas vidas para que possamos prosperar.

Compreender o propósito para administrar o tempo

> *O homem sensato tem o suficiente para viver na riqueza e na fartura, mas o insensato não, porque gasta tudo o que ganha.*
> *(Provérbios 21:20 – NTLH)*

A administração do tempo é algo que muito se fala nos dias de hoje, e talvez uma das ações mais difíceis de se controlar. Somos bombardeados todos os dias por um volume imensurável de distrações, algumas válidas, outras sem nenhuma importância. Reuniões que poderiam ser resolvidas com um e-mail, redes sociais com atrativos que parecem descansar a mente, mas provocam mais estresse. Vamos mergulhando em milhares de atividades sem conseguir mais priorizar o que é relevante, e com isso vamos relativizando tudo que é importante ou urgente. O ponto é que não é possível compreender a importância do tempo sem entender com profundidade o propósito. Quando fazemos o exercício de classificar nos quadrantes de tarefas importante *versus* urgentes, normalmente nos apoiamos exclusivamente no critério prazo ou retorno, mas dificilmente as pessoas consideram o alinhamento com seu propósito.

Talvez você já tenha escutado a frase "tempo é dinheiro". Essa é uma afirmação com uma verdade-relativa. Realmente o dinheiro não aparece de forma mágica ou imediata, entretanto dizer todos que têm tempo conseguirão produzir dinheiro também não é uma verdade absoluta. Se você está longe do seu propósito, muito provavelmente o tempo se torna relativo, já que qualquer coisa que faça não chegará em nenhum fim específico.

Quando se tem um propósito em mente, a sua jornada é muito mais produtiva, seja ela perto ou distante de onde está hoje. Isso ocorre porque conseguimos gerenciar melhor nosso tempo e as distrações que temos no caminho desaparecem, conseguimos focar em um alvo certo.

As dimensões do gerenciamento

Sempre que falamos de propósito já imaginamos um alvo à frente. A própria raiz da palavra no latim tem esse significado de *pro* (à frente) *ponere* (colocar), que de forma muito simplista nós definimos como uma meta. No campo financeiro, seja pessoal ou empresarial sempre estamos trabalhando com metas a serem alcançadas, visando a um propósito já estabelecido. A pergunta que faço é: se corremos sempre em direção a uma meta, seria possível não ter um propósito? Pode parecer complexo, mas, sim. Ter um propósito é muito mais do que apenas definir uma meta. A meta é algo vazio, desconectado. Propósito deve ser algo que faça sentido e que mude o contexto de quem ele impacta. Por essa razão que dediquei este capítulo para refletir sobre como construir o pilar do propósito no campo das finanças, de forma que faça algum sentido e realmente consigamos alcançar.

Por muitos anos vendo empresas — e pessoas — definido metas e propósitos em suas vidas e frustrando ao longo do caminho, decidi avaliar quais motivos normalmente levava ao fracasso. Sempre que falamos de alcançar alguma coisa, subentende-se um caminho, e para seguir em um caminho é preciso gerenciar cada etapa. Ocorre que muitas vezes esse gerenciamento não está alinhado com seu propósito, mantendo o foco apenas em uma etapa da caminhada ou mesmo mantendo o foco em uma dimensão do gerenciamento.

Considero que, na gestão de forma geral, sempre que existam três dimensões trabalhando de forma conjunta, cada uma delas deve ter o seu alinhamento ao mesmo propósito.

A primeira dimensão é a pessoal. Essa dimensão não diz respeito à gestão de pessoas, isto é, ao setor de recursos humanos dentro de uma empresa. Sempre que abordamos o gerenciamento estamos falando de uma pessoa tomando decisões dentro desse processo. Embora exista uma norma ou padrão a seguir, a maneira como o gerenciamento é interpretado e conduzido está intrinsecamente ligada à visão de mundo do indivíduo que o executa. Essa dimensão está relacionada com a forma como cada indivíduo se enxerga dentro do contexto empresarial. Cada pessoa traz consigo sua própria identidade, moldada por experiências passadas, e a maneira como toma decisões é influenciada por essa perspectiva única.

A segunda dimensão é a do projeto. Essa dimensão trata do planejamento (projeto) que é elaborado para alcançar um resultado específico. Um projeto pode ser uma ação pessoal — por exemplo, quando chegamos ao escritório e, antes de iniciar qualquer tarefa, definimos nossas prioridades, alocamos os recursos necessários e planejamos a sequência de atividades para o dia. Seja uma tarefa isolada ou parte de um conjunto maior, o projeto se transforma em ações que ganham forma à medida que são executadas.

Por fim, a terceira dimensão é a da própria empresa. Embora esse termo pareça abstrato, a empresa possui uma identidade própria, um propósito definido e uma missão. Essa dimensão está ligada à visão, à missão e aos valores delineados pelas pessoas que compõem a organização.

Essas três dimensões do gerenciamento estão intrinsecamente interligadas. Muitas vezes tendemos a enxergar o gerenciamento como uma atividade isolada, recorrendo a fórmulas prontas encontradas em livros especializados para aplicação em nossa rotina profissional. Entretanto, em algumas ocasiões, mesmo ao aplicar metodologias testadas e aprovadas por várias empresas, essas abordagens parecem desviar-se do curso que havíamos planejado. Essas discrepâncias frequentemente consomem recursos, tempo e podem causar desgaste nas equipes. Muitas das metodologias de gestão que temos hoje foram desenvolvidas durante revoluções industriais ou tecnológicas, onde o foco estava na maximização dos resultados. São poucas as fontes que abordam a questão dos propósitos. Quando buscamos literatura que alinhe propósitos e princípios cristãos, frequentemente nos vemos recorrendo à Bíblia.

A realidade é que muitas vezes tentamos abordar o gerenciamento como se fosse uma única dimensão, e ao colocarmos essas abordagens em prática em projetos ou empresas diferentes, nos deparamos com variações significativas de comportamento em relação à mesma tarefa. Se atribuirmos um mesmo projeto para diferentes gestores conduzirem, é praticamente certo que tanto o caminho quanto o resultado não serão idênticos. Embora possam alcançar resultados próximos quando for passado um objetivo claro para ambos, é arriscado afirmar que o percurso seria idêntico. Isso ocorre frequentemente porque geralmente associamos metas ou propósitos apenas ao resultado almejado, negligenciando a harmonização entre a dimensão pessoal e a dimensão do projeto.

Entender o projeto melhora os resultados

> *"A forma como os outros te veem não muda a sua realidade".*

A forma como os outros te veem não muda a sua realidade. O inverso também é verdadeiro. Isso tudo não significa que não devemos nos preocupar com quem esteja à nossa volta e vivermos como se não houvesse um mundo externo. A partir do momento que vivemos sob a diretriz do nosso próprio propósito, trazemos para o centro da nossa visão as ações que poderão fazer diferença nas nossas vidas e na vida daqueles a quem estamos destinados a ajudar. Quando nos perdemos em pensamentos sobre a forma como as pessoas nos enxergam, vamos construindo cenários ilusórios que, mesmo que tentemos nos adaptar para agradar outra pessoa, nossa realidade não muda. Podemos até adquirir bens para construir uma imagem melhor de nós mesmos para um vizinho, um chefe ou mesmo um amigo, mas isso não muda a realidade de quem somos. A grande maioria das ações que realizamos com o intuito de mostrar poder, posses, tendem a nos afastar de qualquer propósito consistente, pois deixamos de focar no que é importante e passamos a nos valer exclusivamente da opinião de terceiros.

Pessoas desejam o que você tem, mas não necessariamente desejam relacionar-se com você. Pense por um instante do seu ponto de vista: você não quer ter o Bill Gates na sua casa, você quer ter o dinheiro dele a sua disposição. Até mesmo pessoas que não ostentam bem materiais como os gurus e mentores espirituais, são desejados por seu conhecimento, por sua companhia, por suas palavras de consolo. O que se busca normalmente são o que essas pessoas possuem.

Entender o projeto de vida é focar naquilo que precisa construir e eliminar aquilo que não faz sentido. Certa vez vi uma palestra que era direcionada para um grupo de empresário, onde o palestrante comentou o exemplo de um colega que conquistou um contrato de valor muito expressivo, mas que no dia de assiná-lo na sede do seu cliente, foi até lá com um carro muito antigo. Ele relata que o cliente ao ver o carro com que o profissional chegava em sua empresa, decidiu por cancelar o contrato. Infelizmente essa é uma verdade que se repete muitas vezes no mundo dos negócios. No início eu me preocupava com esses "riscos", mas aprendi que não podemos nos moldar para encaixar no desejo dos outros. Devemos cuidar da nossa aparência e estar preparado para nos adaptarmos quando o ambiente assim exige, porém devemos ser íntegros naquilo que nos propomos, sem ceder sobre quem ou o que somos para conquistar algo mais.

Em resumo, se sempre tentarmos adaptar nossos projetos para encaixar uma realidade diferente da nossa, certamente perderemos o foco dos propósitos que Deus tem para nossa vida, já que assumiríamos outras preocupações que não estariam alinhadas com o que preciso.

Cultura desconectada

Muito se fala em conexões sociais e da informação, mas pouco se atenta à conexão dos propósitos. Há um mercado de *influencers* que vende o próprio status do número de conexões que possuem. A autopromoção de sua marca, ou mesmo de uma cultura, normalmente é financiada por alguém que tem algum ganho com isso. Muitas pessoas expõem suas imagens, que vão desde uma beleza que encanta até fracassos verdadeiros para que se tornem virais nas redes sociais e assim traga algum retorno. Hoje existem *coachees* especialistas em transformar pessoas invisíveis em superstar com um único jingle. Todos os dias são produzidos milhares de minivídeos e curtas frases de efeito que prendem nossa atenção, para moldar em nós uma mente vazia que esteja apta ao consumo rápido e sem questionamentos. Até aqui está tudo certo, muito provavelmente o propósito de quem comanda essas redes sociais foi alcançado com sucesso. O ponto que fica em aberto é que com o propósito das redes de prender a atenção em coisas de pouco valor é alcançado quando nós nos prendemos a esse mundo e passamos a comprar essa cultura inócua, e assim deixamos de lado qualquer propósito que possa agregar valor para nós mesmos.

O mundo dentro das redes sociais tem buscado se conectar para agradar aos outros, mas pouco se avalia o real valor daquilo está sendo vendido. Acredito que todos já saibam que não existe mídia social, apps, ou recursos gratuitos no mundo tecnológico. No início das chamadas redes sociais, muitos acreditavam ser uma diversão gratuita, e com o tempo foram percebendo que há um comércio dos seus dados cadastrais sendo vendidos para empresas de marketing, que o que levou essas empresas a ganharem bilhões em pouco tempo. Você pode estar pensando que tudo bem, no final das contas eu escolho o que vou ou não comprar. Pois bem, isso também mudou. Talvez tenha sido singela demais a transição, mas essas empresas praticamente pararam de pedir para você preencher um formulário enorme de dados onde você escrevia algumas preferências, perfil pessoal etc., e passaram a pedir somente seu nome e e-mail para fazer parte do "círculo de amigos". A mídias sociais passaram a comprar seu tempo. Para quem alguma vez já teve alguma crise de consciência e caminhou para sair de alguma dessas redes, deve ter percebido que na saída é que te pedem uma lista de perguntas que antes eram feitas na entrada. Uma dessas perguntas é se você está saindo porque acredita que está gastando tempo demais ali. Se esse for o motivo e optar por responder a verdade, ainda receberá uma dica da própria rede social de como não gastar tanto tempo ali. Ou seja, eles sabem que seu tempo tem valor. E a reflexão que fica aqui para nós é: quanto vale o nosso tempo?

Agora, se estamos falando de compra e venda, e que as redes sociais estão comprando o nosso tempo, qual moeda eles estão nos entregando? De forma muito sutil eles te entregam o caminho do sucesso para que você conquiste uma cultura que te fará ser aceito nesse novo mundo. Um mundo sem fronteiras, que você possa se conectar e ser aceito além das fronteiras do mundo. Assistindo a milhares de vídeos, "memes" e textos de autoajuda, é como se estivéssemos em uma escola de cultura, que vai nos moldando para unificarmos nossos pensamentos em torno de um bem comum. É como se ao assimilarmos bem esses aprendizados ganhássemos o direito a entrar em um seleto grupo de pessoas bem-sucedidas.

Em pouco tempo vamos entrando em um ciclo de dominação, onde outras pessoas compram nosso tempo e dizem onde e como podemos gastar aquilo que ganhamos. Passamos a cultivar uma cultura que não é nossa, mas, em especial, uma cultura que está desconectada de qualquer propósito que seja válido para nossas vidas. Aceitar os termos desse contrato de compra e venda do seu tempo, não implica você ceder parte do seu tempo ocioso por um pouco de descompressão mental de um dia atribulado, significa você aceitar ser convencido de participar de uma nova cultura que pouco irá agregar ao seu propósito.

Você é livre em suas escolhas?

No mundo todo vemos pessoas defendendo a liberdade de escolha. Talvez você também já tenha parafraseado algo nesse sentido. A questão é que existe um conflito enorme em todo ser humano quando é colocado diante dele muitas opções de escolha. Esse tema foi estudado por Barry Schwartz, um psicólogo norte-americano que intitulou esse conflito interno de "Paradoxo de Escolha". Sua pesquisa demonstrou que o aumento de opções de escolha colocadas diante de uma pessoa produz paralisia e não liberdade[3]. O excesso de escolha reduz o sentimento de satisfação do ser humano. Se você já estudou esse tema levantado por Barry, já deve ter refletido muito sobre isso, mas num primeiro momento o que causa é realmente o pensamento de há algo de errado nessa pesquisa. Defendemos por anos e de forma veemente a liberdade, e agora questionamos se esse direito conquistado é bom ou ruim.

---

[3] SCHWARTZ, B. *The Paradox of Choice: Why More is Less, Revised Edition* (English Edition) HarperColling e-books. [Kindle Apple version]. Disponível em: https://www.amazon.com.br. Acesso em: 10 out. 2023

Eu acredito que jamais iremos retroceder em termos de liberdades individuais, e que não importa o que façamos, as opções de escolha em todos os campos de nossa vida serão ampliadas a cada dia. Viveremos cada dia mais esse conflito sobre escolhas, e estaremos submissos ao risco de cairmos nas escolhas de *influencers* que passarão a fazer essas escolhas em nosso lugar. Comentamos um pouco sobre isso nos parágrafos anteriores deste capítulo, e novamente reforçamos que a saída para isso é conhecermos nosso propósito.

Quando não se conhece o seu propósito, é fácil se congelar diante de decisões que precisam ser tomadas. Essa paralisia diante de uma decisão que precisa ser tomada nos leva a dois outros problemas: o primeiro é que pelo fato de não conseguir fazer uma escolha, recorremos aos especialistas de plantão para nos ajudar em uma decisão que deveria ser nossa. Nesse caso, o sentido da própria liberdade se perde. O segundo, que também é uma conclusão do estudo de Barry, é o fato de que ao concluirmos uma transação que havia muitas variáveis, por mais que tenhamos feito a melhor escolha, foi imputada uma dúvida se as outras escolhas teriam sido melhores, e com isso não teremos satisfação naquilo que escolhemos. Nesses casos, passamos a gastar mais nossos recursos em novas aquisições para tentar nos satisfazer de forma plena.

Ao transportarmos tudo isso para o campo das finanças o impacto é brutal. O problema de muitos diante de finanças não está relacionado à decisão que tomam, mas o tempo que levam para agir diante de situações que precisam de uma intervenção rápida. Para todos os tipos de problemas existem diversas soluções prontas, livros de autoajuda, e *influencers* que dizem diferentes soluções para o seu problema. A ausência de um propósito claro é o que nos congela diante dessas situações nos fazendo parar diante de situações que devemos avançar.

Capítulo 5

Integridade

O preguiçoso fica pobre, mas quem se esforça no trabalho enriquece. Quem tem juízo colhe no tempo certo, mas quem dorme na época da colheita passa vergonha. (Provérbios 10:4-5 NTLH)

Neste capítulo vou lançar um desafio simples. Repensar a integridade como uma ação, e não mais como caráter. Isso não significa que vamos deixar de lado o caráter, mas aprofundar no conceito de integridade como inteireza das ações que executamos. Tanto na ação quanto no coração. Pense um pouco nessa reflexão e daqui a pouco voltamos nela.

Tornou-se comum no mundo corporativo associarmos integridade com ética. Também se popularizou o entendimento de que o caráter de integridade não é mais um ponto positivo que deve ser apresentado por um candidato a qualquer função de trabalho. Isso mesmo, não é mais algo a ser destacado. Por ser algo tão intrínseco e esperado em qualquer profissional, que aqueles que tentam elencá-lo como um ponto positivo de destaque já levanta suspeita de que essa pessoa se esforça para tentar ser íntegro. Sabemos que integridade, no contexto da ética, não é algo natural na natureza humana, e sabemos também que há sim muito mais conflitos éticos nas empresas que praticamente obrigam as empresas a ter um departamento de ética (e *compliance*) para acompanhar, treinar e fiscalizar de forma constante os seus funcionários.

Caráter ou Ação?

Antes de aprofundarmos nesse tema, é relevante esclarecer a discussão sobre ética que frequentemente ocorre em empresas de médio e pequeno portes, especialmente nas empresas familiares. Quando há uma abordagem centralizadora por parte dos diretores ou proprietários, na qual apenas suas opiniões são consideradas válidas, é natural que surjam divergências sobre a direção a seguir em determinadas tarefas. Caso você já tenha vivenciado em um ambiente assim, estará ciente das frequentes discordâncias ideológicas. Às vezes, indivíduos mais empreendedores decidem agir de maneira diferente do que foi ordenado, confiantes de que sua perspectiva está correta. Isso é equivocado? Sim. São ações antiéticas? Não necessariamente. Para que não fiquemos com dúvidas sobre essa dicotomia, vou exemplificar para podermos seguir.

Certa vez, o diretor de uma empresa teve um desentendimento com um vizinho seu, que também costumava ser cliente de sua empresa. Decidido a romper relações, o diretor instruiu seus vendedores a não realizarem mais vendas para esse vizinho. Caso o cliente persistisse, os vendedores tinham permissão para aumentar os preços até tornar o negócio inviável. Um dos vendedores, ao atender o cliente, recordou a instrução e acrescentou 10% ao preço, conforme ordenado. No entanto, esse acréscimo não foi suficiente para fazer o cliente desistir, e a venda foi concretizada. Ao analisarmos esse cenário, reconhecemos que o vendedor cometeu um erro ao não seguir a instrução à risca. Embora não discutamos a natureza dessa ordem em particular, ele poderia ter aumentado o preço a ponto de inviabilizar a venda. No entanto, diante desse equívoco, não podemos concluir que houve uma transgressão ética.

Nessa exemplificação não quis trazer elementos da solicitação que incluía mentir, dificultar ou prejudicar de forma irreversível o cliente, mas sabemos que isso também ocorre com frequência. Nos casos em que a solicitação inclui mentiras para que a ação ocorra, a quebra da integridade ética já ocorre em quem solicita a ação. Principalmente para quem é cristão, quando eventualmente recebe uma ordem dessa e se depara com esse dilema, não se torna mais uma questão de erro ou acerto. Se fizermos o certo — executar uma ordem conforme nos foi solicitada — participaremos da quebra da integridade perante Deus. Por mais que para aquela empresa ou para aquele diretor você estaria fazendo algo correto do ponto de vista de alinhamento, ser conivente tornaria seu erro intencional.

Quando falamos de integridade a primeira coisa que nos vem à cabeça é a ética dentro de um padrão de costumes e doutrinas sociais que devemos seguir, mas não pensamos no papel do ser humano como um todo. No contexto da ética, nosso propósito enquanto ser humano — e cristãos — fica de lado e olhamos apenas para o código de conduta que nos foi apresentado. Quando estamos construindo nossos pilares no campo das finanças precisamos quebrar esse ciclo e migrar nosso pensamento para uma integridade que envolva a inteireza de coração, e, assim, repensarmos esse conceito como parte das ações que fazemos no dia a dia. Como já comentei no capítulo anterior, a integridade se conecta ao propósito. Precisamos agir de forma plena em direção ao propósito de nossas vidas, e não medir apenas o que é ético. Ser ético é apenas parte do todo. Nossas ações sendo executadas com inteireza é que irá nos levar ao resultado que esperamos.

Um exemplo bíblico que ilustra bem essa sutil diferença é a passagem que fala do rei Amazias no livro de II Crônicas 25, em que o escritor, ao apresentá-lo, diz no verso 2 que ele fez o que era reto perante Deus, não, porém, com inteireza de coração. Em uma outra tradução com uma linguagem mais moderna diz que ele não foi sincero. Essa é uma reflexão profunda, pois não há como ensinar, não há como avaliar, nem como fiscalizar o que se passa no coração de outra pessoa. Esse é um pilar que você precisará construir meditando em suas próprias ações. Traremos aqui nos próximos parágrafos diversos direcionamentos sobre como construir esse pilar em suas finanças, mas somente você poderá sondar o seu coração e dizer que realmente está interessado na mudança.

Quando começamos a pensar sobre integridade como uma ação e não apenas como o caráter de uma pessoa, passamos a enxergar que devemos ser inteiros naquilo que nos propusermos a fazer. Para que possamos entender esse conceito, principalmente no campo das finanças, precisamos compreender que, embora estejamos falamos de cinco pilares distintos, todos eles se interconectam, formando um conjunto sólido que serve de base para aquilo que construímos a vista da sociedade.

No mundo dos negócios se popularizou um modelo de gestão denominado 3Ps, que consiste em manter o foco em Pessoas, Processos e Produto. Após esse modelo, surgiram outros que incluíram um quarto "P" fazendo referência aos parceiros — em especial aos Fornecedores. Mais recentemente com o avanço dos serviços digitais outro autor substituiu a dimensão do Produto por Tecnologia. Todos esses modelos de gestão são funcionais, válidos e apresentam resultados quando aplicados de forma consistente, porém são inúmeros os casos em que esses mesmos modelos de gestão foram aplicados sem que os resultados pudessem ser alcançados.

Há um fato que une todas as aplicações desses modelos de gestão que, ao serem aplicados, não dão certo: é o fato da simplificação. Alguns gestores entendem que esses modelos orientam qual o foco devemos dar na empresa, ou seja, quais as áreas prioritárias devemos gerir para alcançar o propósito. Quando agimos dessa forma, passamos a ter uma mente em que fazer o essencial é o suficiente, e por natureza deixamos de executar diversas outras ações que poderíamos, ou deveríamos, realizar. De forma inconsciente, passamos a tratar de fazer o mínimo nessas áreas para alcançar algum resultado. Isso pode até dar certo, mas em pouco tempo o modelo se desfaz. Por outro lado, quando os gestores entendem esse modelo como um ato de organização de tarefas, em que todas as atividades necessárias da empresa precisam estar vinculadas a essas três ou quatro dimensões, de forma que possam ser mais bem gerenciadas, eles passam a agir com inteireza em todas as áreas, sem discriminar nenhuma atividade, pois entende que todas são importantes.

No âmbito das finanças pessoais, muitas vezes seguimos o mesmo padrão. Determinamos prioridades e negligenciamos outras áreas, deixando de lado pequenos gastos, procrastinando tarefas menores e ignorando atividades de menor importância. No entanto, com o tempo, os efeitos acumulados dessas pequenas ações podem se manifestar.

Talvez você já tenha se questionado sobre os princípios de generosidade mencionados anteriormente, e pode parecer que isso entra em conflito com o conceito de integridade aqui abordado, pois focalizar pequenos valores pode parecer mesquinharia. Mas essa suposição é equivocada. De fato, não devemos nos prender a perdas insignificantes ou a valores que carecem de relevância em nossa atenção. A integridade nos orienta a não ser negligentes e a cumprir responsabilidades, mesmo quando são pequenas. Conforme nos aconselha o autor do livro de Eclesiastes, capítulo 9: "Tudo o que estiver ao nosso alcance, façamos da melhor maneira possível".

Faça o que tem que ser feito

Quando lemos sobre a vida de Salomão nos livros de Reis, no início do seu reinado, antes de fazer seus grandes feitos, antes de conquistar terras, ou de ter seus feitos marcados na história, ele buscou organizar sua casa. Problemas familiares, assessores em posição errada, interferências de terceiros e por aí vai. Ele colocou tudo no devido lugar antes de obter sucesso em seu reinado. Muitas das vezes atribuímos o sucesso simplesmente à sabedoria que Deus concedeu a ele pelo seu pedido, mas fazer as coisas da forma como tem que ser feitas, e na hora que tem que ser feitas tem relação com a integridade em suas ações.

Certa vez um dos meus clientes solicitou ajuda para avaliar um risco cambial que estava atrelado a ativos financeiros que a empresa mantinha por longos anos. A empresa mantinha esses ativos atrelados à moeda estrangeira (Euro) e após um evento de crise no cenário mundial fez com que a paridade monetária no nosso país passasse por uma volatilidade muito grande. Estava diante de mim uma oportunidade de fazer apostas contra ou a favor da moeda e ganhar notoriedade com aquela situação. Se eu seguisse por esse caminho, mesmo que algo desse errado com uma eventual aposta malsucedida, raramente recairia sobre mim a culpa, pois a empresa já estava perdendo dinheiro. Por outro lado, se houvesse um ganho eu sairia muito bem perante meu cliente e talvez pudesse até faturar um bônus extra. Era o tipo de oportunidade que muitos gostariam de ter em suas mãos para poder se autopromover diante de uma situação.

Considerando que não houvesse grandes riscos para você enquanto profissional, o que você faria nesse caso, arriscaria para surfar nessa oportunidade ou seguiria o caminho mais conservador?

Diariamente pessoas ganham e perdem em apostas no mercado financeiro, algumas acertam até mais do que outras e isso é relativamente comum. Quando agimos com integridade, não olhamos para as possibilidades de ganho tampouco procrastinamos diante da necessidade de agir. Contudo, a integridade nos direciona a fazer aquilo que é o foco do problema, mesmo que surjam caminhos que parecem ser alternativas rentáveis para um mesmo problema. Nesse cliente, havia uma responsabilidade da diretoria em sair do risco e não em ganhar dinheiro com ativos financeiros. A empresa tinha um produto que fazia parte do seu portfólio e era dessa forma que ela gerava suas receitas.

Pode parecer estranho e contraproducente, estar diante de uma oportunidade de ganhar dinheiro e não o fazer, mas se pensarmos na missão de qualquer empresa nenhuma delas tem como objetivo o enriquecimento. Ser rentável e gerar caixa é algo positivo sim, mas se tentarmos buscar atalhos para isso deixamos de lado a integridade do nosso propósito. Mesmo no âmbito das finanças pessoais vemos pessoas que se perdem em apostas para tentar alcançar o resultado que deveria vir por meio do trabalho. Essas ações nada mais são do que abandonar a sua integridade.

Nós normalmente vemos esse princípio em planejamento de *startups*. Há uma tradição nessas empresas que é manter o foco em achar solução para um problema específico. Vemos diversos *founders* de *startups* anunciando solução para um problema muito específico, e que pareça ser o desejo de muitos consumidores, projetando um sucesso certo quando o produto começar a ser escalável. Talvez você faça como eu e questione: o que então dá errado em 99,9% das *startups* que não conseguem romper a barreira do *breakeven*? Por que mesmo focando em um propósito claro, os resultados não chegam?

Quando realizamos uma análise daquelas que não deram certo e comparamos com aquelas que conseguiram a tão sonhada escalabilidade, podemos perceber uma base forte de integridade de ações naquelas que dão certo. Aquelas que conseguem se desenvolver, normalmente agem de forma íntegra em todas as suas ações, e não buscam o tempo todo atalhos com a justificativa de que são pequenas. Sabemos que pode haver diversas razões para um negócio não prosperar, mas se você já conversou com algum empreendedor que teve seu negócio fracassado deve ter percebido o desejo na obtenção do faturamento escalável muito maior que o desejo de cumprir uma missão clara. Antes mesmo do projeto fracassar, certamente o planejamento e o propósito inicial foram deixados de lado, pivotando rapidamente na busca de um alvo financeiro.

Voltando ao caso do cliente que mencionei, dei a sugestão de realizar uma operação que eliminasse o risco, pois esse foi o propósito que eles apresentaram inicialmente em nossa conversa. Por um tempo foi possível mensurar o montante que eles deixaram de perder por eu ter atuado de forma pontual e direta no problema, e agradeceram por isso diversas vezes. Mesmo sabendo que os sócios daquela empresa eram conservadores, eu poderia ter utilizado aquela situação para convencê-los de tentar trazer um ganho não esperado para a empresa. Mas se eu seguisse nesse caminho, eu estaria fazendo algo para me promover, e não necessariamente cumprindo o meu propósito de forma integral. É sim possível que eu conseguisse algo melhor, mas eu não estaria agindo com integridade mesmo que o fizesse tudo às claras, pois estaria tentando vincular uma promoção pessoal a uma atividade para qual eu já era pago para realizar. Perceba que se eu sugerisse algo mais arriscado eu estaria em um terreno bastante arenoso e seria quase impossível construir uma base sólida nessa situação.

Mesmo que tudo seja feito às claras, e nenhuma operação ilegal esteja sendo cometida, se seguirmos um caminho que seja um atalho para conquistar o resultado com menos esforço, deixamos de lado a integridade da operação. Talvez você possa estar questionando o que de ruim para as finanças empresariais pode ser a conquista de algumas rendas extras. Bem, a resposta é que isso gera acomodação, dificulta a análise dos resultados, e ainda nos faz perder o foco do que é importante em nossa operação.

Nesses casos há uma linha muito tênue entre certo e errado, e o nosso agir com integridade faz toda a diferença. Para quem acompanha o mundo das finanças, sabe que de tempos em tempos vivemos alguns escândalos no campo financeiro, em especial envolvendo a forma como os registros contábeis são apresentados. Há alguns anos o mundo viveu uma mudança nas regras de registro e apresentação dos relatórios financeiros, tendo iniciado uma uniformização das práticas contábeis mundiais. A mudança causou muito espanto no mundo dos negócios, pois as regras existentes nas normas foram substituídas por princípios.

Diferentemente de como eram tratadas as práticas contábeis antes, onde cada registro precisava seguir um regramento específico, as normas passaram a apresentar o sentido de cada ação, sendo que cada profissional precisa entender o propósito do registro ao invés de seguir uma regra. No início dessa transição lembro de que muitos profissionais ficaram em dúvida se essa mudança traria mais escândalos, pois retirava o como fazer e simplesmente determinava o porquê. No início eu mesmo fiquei bastante cético de que essa mudança reduziria os processos de fraudes, mas por incrível que pareça, ao retirar as regras, não havia mais como burlar o processo na busca de brechas que permitisse que algo ruim fosse feito contra os registros das empresas.

Quando agirmos com integridade e mantemos o foco no propósito há sempre um menor risco de sofrermos variações em nossas finanças.

Vantagem competitiva

O termo Vantagem Competitiva se tornou comum no mundo dos negócios, e em especial nos planejamentos estratégicos das empresas. A busca por um diferencial é algo natural, pois faz com que tenhamos um resultado mais rápido. Há diversas metodologias propagadas em literaturas de gestão que nos ensinam explorar essas vantagens como um diferencial em relação aos nossos concorrentes. Algumas dessas metodologias indicam como sendo vantagens, a estratégica da empresa em manter o foco em um nicho de mercado, a qualidade do produto, ou o seu custo de produção.

Nesse quesito, a integridade será um divisor de águas no tocante a alcançarmos o sucesso ou não em nossas ações, pois, em geral, enveredamos essa análise para uma melhoria da lucratividade. Sabemos que o lucro é algo esperado por todas as organizações, mas não podemos produzir uma vantagem competitiva sobre o recurso de outras pessoas ou empresas. Talvez você já tenha vivenciado algo parecido na sua cidade em algum momento de crise, onde empresas aumentam substancialmente o preço de alguns produtos essenciais, pois sabem que não há outra saída a não ser comprar mesmo que os preços estejam altos. Outras buscam se instalar em locais onde a distribuição de renda é menor, pois assim conseguem explorar a mão de obra com valores mais baixos. Observe que essas são práticas comuns, mas nenhum desses exemplos são realmente uma vantagem que a empresa realmente tenha, mas um oportunismo que indica estar desviando o foco do seu propósito.

Há um ditado dos sábios que foi registrado no capítulo 22 do livro de Provérbios que nos orienta a não tirar vantagem do pobre só porque são pobres, pois Deus irá defender a causa deles. Comemorar uma venda grande é diferente de comemorar uma venda onde somente você tenha levado vantagem. Oferecer oportunidades de trabalho para aqueles que precisam é diferente de aproveitar o momento que vivem para ter uma redução de custos.

Se você está buscando ter alguma vantagem competitiva, busque entender de que forma você pode fazer melhor o que já faz. Busque otimizar recursos para que o seu cliente tenha vantagem em adquirir o seu produto ou serviço, mas não compartilhe essa otimização com seus parceiros ou empregados. Pode parecer que esse tipo de atitude "faz parte do jogo empresarial" e podemos encontrar milhares de orientações nesse sentido, mas ao final essa será uma falha na construção da sua integridade que poderá fazer ruir tudo que construiu sobre esse pilar.

Variáveis importantes

A palavra integridade carrega mais de um sentido, e na língua portuguesa é muito forte o uso dessa palavra no contexto da honestidade e ética. Como pilar da área financeira em nossas vidas, estamos falando sobre a integridade como uma ação de inteireza que devemos praticar todos os dias e em todas as ocasiões. Ação de agirmos com inteireza nas palavras, nos pensamentos e no impacto que podemos causar no meio em que vivemos. Por conta do peso que damos para a palavra quando falamos de ética, muitas vezes relativizamos todo o efeito do sentido de inteireza que precisamos considerar em nossas ações.

Há uma série de variáveis importantes que devemos considerar nesse processo, e inclui a avaliação de que lado estamos em um relacionamento comercial, por exemplo. Por vezes estamos no polo de quem adquire algo, e nossa responsabilidade é arcar com os valores e prazos que acordamos com nosso fornecedor. Se estamos na posição de fornecedor, precisamos entregar os produtos acordados dentro das quantidades, peso e qualidade que acordamos. O ponto é que surgem variáveis nesse meio tempo que nos fazem romper com a integridade do processo se não estivermos atentos. Por exemplo, se você decide revender produtos manufaturados com materiais de baixa qualidade, ou cuja origem seja de uma produção de baixo custo. Qual o sentimento você teria no coração fazendo uma transação nessa modalidade? Para que não haja dúvida na avaliação, considere também que se veja destacado na embalagem que se trata de um produto fabricado em fábricas de segunda linha. Observe que não se trata de uma ilegalidade, não se trata de uma mentira, mas de um produto de baixo custo que irá ter pouca duração e que por essa razão o preço também é mais baixo.

É totalmente aceitável que você comercialize esse tipo de material, mas quando olhamos como um pilar de finanças que desejamos construir em nossas vidas, sabemos que esse tipo de comércio não representa uma inteireza das nossas ações. Veja que essa variável é bastante sensível, pois nada de errado ocorre na negociação.

Entretanto, se analisarmos que estamos oferecendo algo que sabemos ser de baixa qualidade, pensando estar apoiando alguém que não tem condições de comprar um produto de melhor qualidade, nossa conduta é de dar apoio ao sentimento errado da pessoa que está buscando aquele produto acreditando que poderá suprir sua necessidade com aquele produto. Se você tem dúvidas sobre essa condição, basta perceber que o mercado é inundado desses produtos chamados de "segunda linha" sempre que uma marca ou empresa lança uma inovação, e logo que o tempo passa esses produtos somem e passam a existir apenas as marcas originais. Quando apoiamos nossas finanças em ações desse tipo, temos a certeza de que não terá longevidade em termos de resultado, pois relativizamos a integridade daquilo que escolhemos realizar.

Quando estamos na posição de cliente, também existem variáveis que precisamos considerar na avaliação da integridade em nossas ações. Por exemplo, quando vamos a uma loja ou mercado que está oferecendo um determinado produto em promoção. Você tem um consumo elevado daquele produto e realmente está com um desconto atrativo, mas a loja diz que há uma limitação de quantidade por cliente. Entretanto você está com sua família e pede para que cada um pegue a quantidade limite determinada pela loja e passe individualmente.

Outra possibilidade é você finalizar a sua compra, sair da loja dar uma volta na rua, voltar e fazer novamente a compra, já que essas possibilidades não estavam previstas como impeditivo. Sob o ponto de vista de legalidade, contando que você pague pelas mercadorias que adquire, não há falhas. Mas sobre o ponto de vista da integridade, sabemos que estamos burlando uma regra e, sim, prejudicando a empresa que está vendendo, já que em geral essas campanhas são para atrair clientes e quando alguém burla os limites definidos, acaba delimitando o alcance de novos clientes.

Observe que nenhum dos exemplos que dei acima produz um efeito perverso sobre as finanças da outra parte com quem estamos realizando o negócio, entretanto, são situações que rompem a nossa integridade enquanto ação de relacionamento e generosidade. Essas variáveis talvez não cheguem a causar nenhum efeito financeiro em qualquer dos lados da negociação, mas certamente estabelecerá um limite na sua visão enquanto pessoa e que poderá impactar nas outras formas de agir.

Hoje a sociedade vende um ideal de vida que não se realiza. As facilidades oferecidas em diversas frentes de negócios ou mesmo de políticas governamentais não se sustentam no longo prazo. Se aceitamos pequenas concessões que estejam dentro do limite da ética e da legalidade, vamos deixando que nosso pilar de integridade enquanto inteireza de nossas ações se torne frágil.

Concessão e mudança

Vivemos em todo o mundo um período extremamente relativizado. Somos estimulados de todos as maneiras a não apresentarmos a nossa opinião de forma final e única. Suportados por um longo período de desrespeito aos direitos humanos e às liberdades individuais, o mundo se vê em um período de adaptação para ajuste entre o que é certo e errado. Infelizmente isso chega às comunidades cristãs com um viés um tanto quanto distorcido, pois aos poucos os pilares de ensinamentos cristãos vão sendo relativizados. A integridade é um deles.

É muito difícil assimilar uma forma de manter a inteireza em nosso propósito, quando a cada momento somos questionados por ceder espaço para quem pensa diferente. Antes de seguirmos, vamos apenas compreender esses conceitos para que consigamos caminhar sem julgamentos precoces. O relativismo que comento aqui, realmente existe, e não é possível que vivamos em comunidade se não respeitarmos a opinião do nosso próximo. Entretanto, há uma diferença entre aceitação e conversão. Aceitar as pessoas como elas são é diferente de convergir o pensamento para que encaixe em sua realidade.

Todo o convívio em sociedade, desde a antiguidade, pressupõe uma força cultural que impõe uma determinada moda ou regras de convívio que faz com que as pessoas do grupo se adaptem para serem aceitas. Essas forças indicam forma de vestir, hábitos alimentares, estruturas de moradia e outros elementos da sociedade. O que vemos hoje é uma sociedade normatizando que qualquer modelo ou estilo é aceitável, e isso não pode ser questionado. E isso é uma verdade. Não é preciso questionar ou se sentir incomodado por alguém que tem uma caminhada diferente da sua.

O ponto que trago aqui é que o relativismo tem entrado nas mentes das pessoas como um princípio geral, e com isso passamos a questionar também se é certo ou errado em relação aos nossos propósitos. A partir do momento que abrimos esse questionamento em nossa mente, damos espaço para uma quebra da nossa integridade. Ficamos propensos a deixarmos a retidão e nos enveredarmos por caminhos fáceis, por momentos divertidos e fáceis para alcançarmos nosso propósito. Ao chegarmos nesse ponto, o pilar da integridade já foi quebrado.

O relativismo é tão sutil nesse quesito que sempre que chegamos diante de uma decisão difícil sobre fazer o que é certo, o relativismo já imputa a dúvida se estamos fazendo apenas uma concessão ou se estamos mudando o curso da decisão. Normalmente concluímos que uma pequena concessão ou um pequeno desvio não irá atrapalhar o resultado da caminhada. Principalmente quando a concessão não envolve infringir nenhum detalhe ético-social, vamos aceitando e direcionando nossas decisões como se seguíssemos o curso de um rio.

Todos nós nos sentimos capacitados quando falamos de integridade, pois pensamos sempre nas questões éticas. Mas quando falamos da vida financeira, integridade é manter inteiro um propósito que também construímos com pilar em nossas vidas. O relativismo se tornou um conceito tão forte em nossas vidas que muitos de nós frequentamos academia para se ter uma vida saudável, mas por vezes abre uma concessão para consumo de produtos extremamente calóricos. Muitos de nós já cedemos a uma compra por impulso. Se você acredita que esses são exemplos banais sobre integridade, muito possivelmente sua mente tem sido bombardeada por conceitos de relativização, e isso vai, aos poucos, alcançando nossas palavras, nossos compromissos e desviando nosso olhar de um propósito.

Se você chegou até aqui e seu pensamento ficou confuso, minha sugestão é que você reflita se realmente consegue definir um propósito que inclua generosidade, aprendizado e relacionamento. Esses pilares falaremos a seguir, mas caso você não consiga pensar em manter um propósito de forma definitiva na sua vida, significa que provavelmente as concessões que você foi realizando para ter a aceitação de outros no seu mundo mudou o curso da sua história. Pare e reflita. Busque a inteireza em sua mente e coração, pois do contrário você irá gastar seus recursos navegando à deriva.

Vida de aparência

Um fator que dificulta bastante mantermos a integridade em determinado propósito é a comunicação. Hoje em dia as pessoas tendem a expressar suas opiniões de forma bastante aberta, principalmente pelo fato de que raramente serão questionadas ou limitadas em um mundo de relativismo em que a aceitação das diferenças é um imperativo.

Os primeiros ensinamentos que tive na minha carreira de auditor foram sobre integridade ética, e uma lição que nunca esqueci era que não bastaria sermos éticos em nossas ações, mas precisaríamos parecer ético. Quando comecei a dar aulas de auditoria, uma lição que sempre indiquei foi essa. Sempre amei esse conceito, pois vi nessa forma de pensar o jeito de nunca andarmos nos limites da integridade. Quando falamos da nossa integridade de propósito, dos nossos sonhos, dos planos que temos, muitas vezes caminhamos na beira de verdadeiros precipícios para poder encaixar a expressão de pessoas que se comunicam com mais retórica que nós.

Quem me conhece sabe que eu nunca fui um bom comunicador. Embora eu tenha passado praticamente toda minha vida profissional atuando como professor, falar com eloquência, expor pontos de vista, apresentar meus pensamentos, nunca foi o meu forte. Para que fique claro a diferença, sala de aula dificilmente é preciso convencer alguém. Em geral estamos ali para ensinar a aplicação de um conceito já aceito pela academia. O ponto é que quando não comunicamos nossos propósitos, estamos propensos a ser convencidos por alguém que esteja vendendo suas ideias.

Embora haja uma variação entre culturas, contextos e situações específicas, os estudiosos de comunicação afirmam que as expressões não verbais representam em média 70% na transmissão e na interpretação de mensagens. Os outros 30% são nossas palavras. No meu caso, como minha oratória não é das melhores, minha linguagem não verbal por outro lado me ajuda. Embora eu também não seja de expressões marcantes, minha linguagem não verbal sobre algo que não me agrada sempre destaca. Isso quase sempre me ajudou a manter o foco no meu propósito.

Sempre que você tentar ser íntegro em sua vida, nos seus propósitos, nas suas finanças, haverá quem irá questionar ou te oferecer atalhos e concessões que, se aceitos, irão aos poucos te tirando do caminho. Se tentar viver uma vida de aparência dificilmente você conseguirá construir um pilar sólido nas finanças.

Muitas empresas hoje em dia fazem questão de estampar nas paredes sua visão e valores, para assim difundir e fortalecer sua cultura, pois sabem que só alcançarão os resultados se todos caminharem de modo firme em uma única direção. Mas nós raramente conseguimos firmar nossos passos naquilo que propusemos, sempre que alguém que tenha uma melhor retórica nos propõe desvios.

Atitude positiva

Diante dos altos e baixos que a vida certamente nos reserva, a atitude que escolhemos adotar pode desempenhar um papel fundamental em nossa capacidade de mantermos nossos passos firmes no caminho de um propósito. Manter uma atitude positiva não é apenas uma questão de otimismo superficial, mas também uma forma para preservar nossa integridade física, mental e emocional. Ter uma atitude positiva não apenas nos permite enfrentar os desafios com mais resiliência, mas também nos capacita a aproveitar ao máximo as oportunidades que se apresentam.

Um dos principais fatores que demonstra como uma atitude positiva contribui para nossa integridade é o impacto direto que ela tem sobre nossa saúde mental. Quando escolhemos enxergar as situações com otimismo e esperança, estamos cultivando uma mentalidade que nos permite enfrentar o estresse, a ansiedade e a adversidade com maior graça. Em contraste, uma perspectiva negativa pode nos envolver em um ciclo de autocrítica e autossabotagem, minando gradualmente nossa autoestima e autoconfiança. Manter uma atitude positiva nos ajuda a desarmar esse ciclo, protegendo nossa saúde mental, promovendo uma maior resiliência emocional.

No âmbito das relações sociais, a atitude positiva desempenha um papel crucial na manutenção da integridade de nossos relacionamentos que também falaremos mais à frente. Pessoas que cultivam uma atitude positiva tendem a ser mais empáticas, compreensivas e cooperativas, o que cria um ambiente propício para a construção de relacionamentos significativos e conexões mais profundas. Essa capacidade de cultivar relações saudáveis não apenas nos proporciona um suporte emocional valioso, mas também contribui para nossa própria autodescoberta e crescimento pessoal.

Sempre que estamos na busca por construir algo, em especial no campo das finanças, sabemos que as adversidades do mundo a nossa volta nos puxam para um turbilhão de problemas e é difícil manter o foco na integridade dos nossos propósitos. Diante de problemas buscamos sempre a saída mais próxima para voltarmos a ter o conforto de uma caminhada tranquila. Há um verso do apóstolo Paulo aos Colossenses que nos orienta que aquilo que fizermos, que façamos de todo o coração, como se estivéssemos servindo a Deus e não as pessoas. Quando olhamos sob essa perspectiva, conseguimos manter uma atitude positiva para nos mantermos íntegros diante dos nossos propósitos.

A atitude positiva é muito mais do que um simples sorriso no rosto. Ela é uma escolha consciente que molda nossa percepção da vida e determina nossa capacidade de lidar com seus desafios e recompensas. Ao adotarmos uma perspectiva otimista, fortalecemos nossa saúde mental e física, preservamos nossos relacionamentos e nos tornamos mais aptos a firmar nossos passos diante das adversidades da vida. A integridade que cultivamos por meio dessa abordagem nos guia na direção de uma vida financeira mais plena e significativa.

Andando na contramão do óbvio

Em um mundo cada vez mais guiado pelo imediatismo e por excesso de caminhos e opções, manter-se fiel a um propósito muitas vezes parece uma jornada desafiadora. Enquanto muitos seguem o curso do óbvio, aqueles que escolhem trilhar um caminho guiado por um propósito mais profundos estão, na verdade, andando na contramão do senso comum.

A integridade de manter o propósito é uma escolha audaciosa em um cenário no qual a conformidade é recompensada e as escolhas fáceis muitas vezes parecem tentadoras, pois sempre oferecem o mesmo resultado. Essa jornada requer resiliência, autoconhecimento e a coragem de resistir às distrações que constantemente clamam por nossa atenção. Mas é nessa contramão que conseguimos construir um pilar sólido para nossas finanças.

Como já vimos no capítulo anterior, um propósito é mais do que simplesmente definir metas e atingir marcos. É um compromisso profundo com aquilo que acreditamos ser verdadeiro e significativo. Por isso, é importante que tenhamos a integridade nessa caminhada, pois uma vez que busquemos algum atalho, renunciaremos ao compromisso que temos com nós mesmos.

A integridade de manter o propósito torna-se um farol em meio a qualquer incerteza que tenhamos pelo caminho. Esse é um processo intencional que devemos reafirmar a cada dia. Quando as pressões externas tentam nos desviar, é a conexão com nosso propósito que nos orienta de volta ao nosso caminho. Pode ser fácil ceder à tentação de seguir o fluxo e adotar as tendências populares, mas é nos momentos de desafio que a verdadeira força do nosso propósito é revelada. Nessas ocasiões que conhecemos se nosso pilar é sólido o suficiente para suportar o peso de tudo o que pretendemos construir.

Portanto, enquanto o mundo avança em um ritmo frenético, escolher manter a integridade do nosso propósito é um ato de coragem e perseverança. É uma afirmação de que o que é verdadeiro e significativo não são sempre o mais óbvio, mas sim o mais autêntico. Andar na contramão do óbvio nos leva a descobertas profundas sobre nós mesmos e sobre o mundo ao nosso redor. É uma jornada que não apenas nos enriquece, mas também ilumina o caminho para os outros, convidando-os a também firmar os passos em nossa caminhada.

Dê a César o que é de César

A expressão "Dai a César o que é de César" foi popularizada por demonstrar a sabedoria de Jesus ao ser provocado em relação à sua integridade diante dos compromissos que temos enquanto cidadãos de uma comunidade. O grupo de religiosos tentava distrair Jesus do seu compromisso em ser íntegro, mas Ele sabia bem qual era o seu propósito aqui na terra. Embora pareça um cenário histórico e distante, esse tipo de armadilha aparece todos os dias em nossas vidas em sociedade, em especial no universo corporativo.

Talvez até mesmo você já tenha utilizado a expressão "o não eu já tenho, só me resta buscar o sim!". Essa é uma afirmação que normalmente carrega o limiar de algo que já sabemos estar errado. Quando tentamos avançar por um caminho que ultrapassa aquilo que é devido, forçamos um pouco mais para avaliar se o outro lado concorda em ceder espaço para aquilo que, na nossa visão, é vantajoso para nós. Não estou afirmando aqui que sempre ultrapassamos o limite da integridade, mas o pensamento audacioso nos faz criar uma cultura de expandir um território que não é nosso.

No mundo dos negócios, vemos que algumas culturas têm maior propensão a negociações mais extremas e prolongadas, se comparadas com outras que avaliam somente a primeira oferta e a consideram confiável, sem barganhar um benefício extra em toda transação. Não quero aqui nominar países ou regiões onde esses modelos são mais aplicáveis, pois entendo que a generalização abrange indivíduos que não necessariamente atendem a esses critérios. Mas o ponto que quero destacar aqui é que nas regiões onde as negociações são mais prolongadas e intensas, o modelo é baseado na construção de relacionamento e não necessariamente na integridade. Quando estudamos esses diferentes estilos de negociação, vemos que os embates nas negociações prolongadas são uma tentativa de estabelecer confiança e relacionamento, mas cada um dos lados começa em seus extremos e vão cedendo conforme avançam na construção do respeito mútuo.

O ponto aqui é que, ao saímos do pilar da integridade, passamos a andar em uma estrada muito estreita entre levar vantagem e não construir relacionamento, e ter algum prejuízo e ver nossas finanças impactadas. Quando tentamos encontrar o passo certo que possa encaixar no discurso "foi bom para ambos os lados", por vezes perdemos nosso tempo parados em uma negociação infinita.

Precisamos ter em mente que o nosso negócio não está relacionado ao dinheiro que recebemos por ele, mas ao produto que entregamos aos nossos clientes. Por isso que manter a integridade em nosso propósito tem um reflexo importante nas finanças.

Isso também vale para quando falamos de finanças pessoais. O resultado do que entregamos é o que nos remunera. Tentar encontrar atalhos normalmente nos deixa vulneráveis ao fracasso.

Capítulo 6

Aprendizado

Se o machado está cego e sua lâmina não foi afiada, é preciso golpear com mais força; agir com sabedoria assegura o sucesso. (Eclesiastes 10.10 NVI)

Entre os pilares que precisamos construir para que tenhamos uma vida financeira sólida, eu arrisco a dizer que o aprendizado seja o mais difícil deles. Diferentemente dos demais pilares onde nos conscientizamos de ações a fazer, o pilar do aprendizado envolve reconhecer em nós mesmos as lacunas que são geradas por um mundo em constante evolução. No campo das finanças, podemos conhecer bem a técnica que foi publicada por algum estudioso, ou mesmo ter desenvolvido nossa própria técnica inovadora, mas a especificidade de cada situação, de cada momento ou período transforma uma simples decisão em desafio. Quando adicionamos o fato de que a maioria de nós, seres humanos, carrega uma tendência de agir pela sua própria visão, como se fossemos autossuficiente, deixando de lado a vontade de Deus e em especial o fato de que somos limitados.

O pilar do aprendizado não descreve apenas o ato de estudar e aprender, mas a compreensão do quanto estamos abertos para uma escuta ativa. O aprendizado complementa a generosidade e o relacionamento. Saber ouvir e se adaptar à necessidade do próximo será uma conquista importante para construir relacionamentos que darão apoio às suas finanças.

Outro fator sobre o aprendizado é que ele é contínuo. Assim como os demais pilares que devemos construir a cada passo que damos, saber que nosso conhecimento será sempre limitado nos faz aproximar de Deus e buscar nele respostas para nossas decisões tanto para finanças quanto para a vida.

Há um verso no livro de Eclesiastes que se popularizou mesmo em meio a líderes não cristãos que diz: "Se você deixa o machado perder o corte e não o afia, terá de trabalhar muito mais. É mais inteligente planejar antes de agir." Em outra versão a segunda parte do verso é traduzida por "agir com sabedoria assegura o sucesso".

Muitos acreditam que o aprendizado seja um processo isolado do momento da execução. Esse verso de Eclesiastes é trazido para o conceito de estudos, onde escolhemos alguma pessoa que diz ter experiência em afiar o nosso machado em determinado campo do conhecimento, e no dia seguinte saímos para testar esse machado em nossa prática profissional.

Essa autossuficiência tem sido cada vez mais pregada no meio corporativo em razão de um imediatismo que o mundo vive. Você já deve ter ouvido, ou mesmo falado, as expressões "Tempo é dinheiro". Diversos empresários buscam acelerar suas decisões, alegando que no mundo corporativo pode-se perder dinheiro, ou deixar de lucrar, quando nossas respostas não são dadas de forma imediata. Alguns *influencers* que se intitulam empresários bem-sucedidos dizem que precisamos correr riscos e, mesmo errando algumas vezes, os acertos irão compensar. A pergunta que fica é: essa é uma verdade? Sim, é verdade. É possível construir grandes empreendimentos com decisões momentâneas. Agora, se aprofundarmos nesse questionamento e mudarmos a pergunta para: essa verdade é uma constante? Não, assim como alguém que ganha na loteria, viver de sorte não é algo consistente. Podemos até construir uma estrutura sobre pilares frágeis, mas raramente será firme o suficiente para durar muitos anos.

O aprendizado jamais será algo imediato ou pioneiro. Esperar a manifestação do outro para que possa assimilar suas expectativas e somente depois falar ou agir é uma mudança importante no caráter de quem quer construir uma base forte para suas finanças.

Princípios e regras

O ano de 2008 registrou uma revolução na forma de se fazer contabilidade aqui no Brasil. A forma como enxergamos uma empresa precisou ser reformulada. Na verdade, tivemos que aprender a manter nosso foco em números que não estavam escritos em nenhum lugar. Para os profissionais de finanças acostumados a traduzir os números com base em uma cartilha de regras predefinidas e com as quais sozinhos poderiam descrever os resultados de uma empresa, precisaram se adaptar para uma nova realidade que mudava todo o aprendizado. Seguindo uma mudança internacional, a lei brasileira que historicamente foi baseada em rígidas regras de aplicação, deu lugar a um acordo legal internacional onde as normas seriam baseadas em princípios. Todo o nosso *background* acadêmico que por anos nos ensinou a realizar registros de documentos legais da empresa em caixinhas bem definidas nas peças financeiras, foi substituída por princípios que norteavam o olhar do profissional para que ele descrevesse os números da empresa de acordo com sua realidade e momento.

Sempre que discuto esse tema com meus alunos vejo uma certa apreensão no tocante a esperar que existam regras mais claras, e esse modelo baseado em princípios seja apenas uma narrativa acadêmica para causar controvérsia. Mas a mudança foi real, e os novos padrões de relatórios financeiros no novo formato precisam levar em consideração aquilo que faz sentido para cada empresa, fazendo com que tenhamos que aprender e conhecer a realidade de cada empresa, podendo mudar até mesmo se o ambiente externo da empresa for alterado. Com essa mudança, o aprendizado enquanto processo de adaptação ao ambiente precisa ser contínuo. É preciso ter uma escuta ativa e um olhar de aprendiz para que o profissional possa exercer bem sua função.

Como um consultor de empresas, no ano que a mudança foi implementada, eu confesso que também fiquei apreensivo sobre a efetividade do novo conceito, e conforme o tempo foi passando percebi que para acompanhar a mudança era preciso estar aberto a ser direcionado pelo movimento do cliente, e não o inverso. O padrão em que órgãos de controle definem suas normas baseadas em regras, é fácil nos enveredarmos para um viés de superioridade e com isso nos fecharmos para aprender qualquer nova lição. Com base em regras, estudamos e decoramos as regras a serem aplicadas, e independente do que aconteça nas empresas, os fatos serão registrados com base em uma regra imutável.

Embora seja natural o fato de que tenhamos que seguir regras em várias áreas de nossas vidas, essa mudança no meu campo profissional me ensinou que precisamos estar com nossas mentes abertas a ouvir e aprender, bem como manter o foco no outro e não no nosso próprio conhecimento.

Compreendendo as nossas próprias limitações

O primeiro passo para se ter um aprendizado sólido, é conhecer suas próprias limitações. Quando não aceitamos que temos algo para corrigir ou melhorar em nossas vidas, nos fechamos para qualquer aprendizado. Talvez você já tenha se deparado com algum empresário que estava falhando em algum detalhe da gestão em sua empresa, mas que parecia insistir nos erros, mesmo vendo suas finanças ruírem aos poucos. Muitos desses empresários tentam atribuir a crise que estão passando a fatores externos. Problemas no cenário econômico, mudanças em alguma política governamental, ação de algum concorrente. Todas essas situações impactam de alguma forma nossa caminhada como empresário, mas até que impacte nossas finanças, um espaço de tempo foi percorrido sem que alguma ação tenha sido tomada. A percepção sobre o ambiente em que estamos inseridos é um exercício de aprendizado constante. Quando nos fechamos em nossa autossuficiência, deixamos de reagir às ameaças que nos cercam.

Conhecer nossas próprias limitações nos ensina ainda sobre nossa dependência de Deus. Como cristãos, sair do centro dessa verdade é o primeiro passo para o nosso fracasso. Ter em Deus a nossa fonte de aprendizado é uma atitude importante na nossa caminhada financeira. Se pedimos que Deus abençoe nossos planos, mas não buscamos nele o conhecimento contínuo, é como se tentássemos manobrar a vontade Dele para aquilo que determinamos como o certo.

Os cinco pilares que estamos apresentando aqui neste livro são fruto desse olhar para o aprendizado com a Bíblia, pois no campo das finanças há uma infinidade de conceitos, métricas e literaturas que raramente colocam princípios cristãos como base.

Nos dias atuais, a busca pela inovação se tornou uma corrida desenfreada e como se fosse o único pilar capaz de sustentar nossas finanças. Embora o tema inovação nos remeta ao fato de aprender algo novo que possa ser útil para o maior número de pessoas, um fato interessante que vemos em vários desses projetos é a centralização na ideia de enriquecimento e não na generosidade que o projeto irá gerar para outras pessoas. Tentar aprender algo novo para conquistar algo para si é diferente de aprender algo novo para melhorar suas próprias limitações.

Quando conseguimos quebrar esse ciclo de autossuficiência e compreender nossas limitações em todos os campos da nossa vida, vamos construindo um pilar de aprendizado sólido dentro dos propósitos de Deus para cada um de nós.

Informação não é conhecimento

Vivemos em um tempo em que temos acesso praticamente ilimitado e instantâneo a uma infinidade de informações. Na medida em que caminhamos na busca de conhecimento, entretanto, temos de nos deparar com um paradoxo estranho: apesar da profusão de informações em nosso entorno, possuir muita informação não é igual a possuir muito conhecimento. Diferenças sutis, mas cruciais entre os dois conceitos emergem quando consideramos a natureza dispersa e descontextualizada de muitas informações.

Os modernos meios digitais são repletos de um volume enorme de informações, acessíveis de muitas formas e a qualquer momento. Todavia, a crescente disponibilidade de informações tem seu lado mais obscuro — é disperso e na grande maioria desconectado. Somos confrontados com uma enxurrada de dados e fatos, muitas vezes desprovidos de sentido ou conexão tangível entre si.

Cada fragmento de informação pode ser verdadeiro, mas fora do seu contexto apropriado e sem conexões relevantes, pode ser difícil darmos um sentido correto a ele. Essa situação pode nos enganar, fazendo-nos sentir que estamos adquirindo conhecimentos, enquanto na realidade estamos apenas acumulando fragmentos altamente dispersos de informação, pois as máquinas respondem exatamente ao que perguntamos. Em outras palavras, para que ela nos auxilie na construção do conhecimento, é preciso que tenhamos previamente o conhecimento do que desejamos adquirir. Essa é a razão pela qual temos visto o aumento na degradação cultural no mundo todo. O comodismo pela suposta produção de conhecimento rápido vai abstraindo a capacidade de enxergar que falta alguma peça para conectar essas informações.

Uma consideração igualmente importante ao abordar a distância entre informações e conhecimento é o chamado "viés de confirmação". Essa é uma inclinação humana de buscar, interpretar e até lembrar informações que endossem nossas ideias e crenças preexistentes. Com a inundação de informações desconexas ao nosso redor é fácil, e muitas vezes inconsciente, absorver apenas aquelas informações que corroboram com nossas visões existentes, ao passo que ignoramos informações que as desafiam ou contradizem. Essa tendência humana alimenta o abismo entre possuir muitas informações e alcançar um conhecimento autêntico.

Tecnologia e mídia social, por meio de algoritmos perspicazes, têm um papel preponderante nessa questão. Esses algoritmos, projetados para notar e se adaptar aos nossos padrões de comportamento e preferências, servem-nos com informação sob medida, reafirmando uma verdade parcial que tenhamos manifestado em nosso grupo social.

Embora isso possa parecer conveniente, essa personalização pode cair na armadilha de alimentar continuamente nossas preconcepções existentes, mantendo-nos enclausurados em "bolhas de informação" que confirmam, mais que desafiam, nossas perspectivas e crenças.

Existe ainda um estudo científico realizado por dois pesquisadores — David Dunning e Justin Kruger — que demonstrou ainda a existência de um viés cognitivo em que as pessoas com baixo desenvolvimento de habilidades tendem a superestimar suas habilidades. Imagine o efeito devastador que ocorre às pessoas que deixam de receber informações que as façam questionar suas próprias crenças. As meias verdades com que são alimentadas diariamente pelos algoritmos sociais vão cauterizando a ignorância em suas mentes.

As informações, divididas em fragmentos flutuantes, não são inúteis, mas sem a ancoragem do contexto e da compreensão holística correm o risco de se tornar obstruções ao invés de auxiliares no caminho para o conhecimento. Precisamos estar conscientes dessa dispersão, do viés de confirmação e do potencial de manipulação dos algoritmos das redes sociais, a fim de nos ajudar a navegar para além do simples armazenamento de dados e nos movermos em direção a um conhecimento profundo e contextualizado.

Cavando fundo

Há um verso de Salomão no livro de Eclesiastes que são conselhos sobre finanças, e que são muito utilizados no contexto de continuar semeando. Em uma tradução na linguagem de hoje, o sábio rei diz que *"Quem fica esperando que o vento mude e que o tempo fique bom nunca plantará, nem colherá nada"*. Todo o capítulo 11 nos orienta a semear e seguir plantando e não ficar esperando que os ventos mudem. No início desse mesmo capítulo ele dá uma orientação para lançarmos nosso pão sobre as águas, e repartir o que temos em vários negócios, pois não sabemos o futuro.

Em minha caminhada já orientei muitos empresários e quase sempre vejo um padrão na tentativa de resolver problemas financeiros que é aumentando as vendas. Vezes ou outra se olha para correções internas no processo e nos custos internos, mas a principal meta é o aumento das vendas. Embora pareça algo positivo, esperar que problemas sumam porque houve um aumento das vendas é a mesma coisa que esperar que os ventos mudem a direção dos problemas.

Observe que em outra tradução o início do conselho dado por Salomão é para *"lançarmos o pão sobre as águas"*. Esse conselho se refere a agirmos com generosidade, que é o primeiro pilar que falamos aqui. Mas quando falamos de semear algo, precisamos ter em mente que é necessário aprender de que forma podemos semear ou de que forma podemos ser generosos, pois só tomaremos as decisões certas quando estamos abertos a ouvir e a aprender o que Deus tem para nossas vidas.

Lembro-me de um empresário que fui mentor por um tempo, que era uma pessoa extremamente generosa, tinha claro seu propósito de servir ao reino, mas era incapaz de ouvir e aprender. Ele cultivava alguns conceitos imutáveis que o estavam fazendo cavar mais fundo o buraco que estava.

Apenas fazer mais operações de venda sem entender o que exatamente está ocorrendo com a empresa é como cavar dentro de um poço para conseguir mais terra para sair dele. A pior forma de sair de um poço é continuar cavando.

Sem dúvida, é preciso continuar semeando e não parar para esperar que o tempo mude, mas se você não for capaz de aprender, jamais será capaz de corrigir o curso da sua semeadura durante sua caminhada.

Oceano de possibilidades

Se você já empreendeu alguma vez na vida, também já deve ter lido ou ouvido sobre navegar em oceano azul, onde há pouca concorrência, onde seu produto seja único. Por outro lado, temos os *coachs* de inteligência emocional falando em colaboração e interação, e defendendo o que chama de concorrência saudável, pregando que, para melhorarmos, precisa existir concorrência. Em um primeiro momento nossa intuição lógica tenta até achar uma conexão que justifique duas verdades conflitantes, mas aos poucos nos conformamos que uma das duas — ou ambas — se tornam verdades relativas. Ou seja, o oceano é sempre meio cinza e apoiar em seus concorrentes pode ser uma ideia aceitável em determinados momentos.

Vi muita gente surfando na febre do oceano azul buscando desesperadamente um negócio inovador que ninguém mais tinha.

Grupos de empreendedores eram desafiados a se reunirem e a discutirem seus negócios na busca de algo novo que o mercado ainda não havia descoberto. Era desesperador propor um negócio comum no mercado, mesmo que geograficamente fosse aceitável. Nesse período era comum encontrarmos cursos e *workshops*, em que os instrutores ensinavam estratégias de aprendizado que pudessem te fazer chegar no seu Oceano Azul.

A palavra do dia era fazer algo diferente, não importa o que fosse. Durante um período curto surgiram negócios esdrúxulos na tentativa de que se tornasse grande somente pelo destaque de ser diferente. Todos queriam pintar os cavalos com listras para um dia ter uma zebra, ou quem sabe um unicórnio. A razão disso é o aprendizado raso e sem princípios sólidos. O mais impressionante é que por um tempo a tentativa de navegar em oceano azul virou uma febre, que montar uma startup começou a parecer contraintuitivo pelo fato de já ter se tornado um oceano vermelho de outras startups.

Observe, entretanto, que eu não considero que gerar expectativas de criar um negócio sem precedentes seja errado, ou mesmo que manter os concorrentes próximos de você não seja uma estratégia de inteligência emocional válida. A ponderação que devemos fazer é em relação ao fato de que precisamos saber o que realmente isso representa em nosso propósito. Saber distinguir entre modismo e princípios é mais importante que propriamente seguir uma linha de pensamento sem ponderar sua própria realidade.

Aprender sobre si mesmo, e entender os conceitos trazidos pelos diversos autores é algo que nos ajuda a construir uma base mais sólida. Quando não temos abertura para o aprendizado, para o conhecimento do novo e principalmente sobre nós mesmos, a retórica do melhor escritor nos conduz de forma mansa ao fracasso.

Neste livro trago os cinco pilares que estudamos de personagens que obtiveram sucesso financeiro e prosperidade na Bíblia, e, entre esses pilares, o aprendizado talvez seja a porta de entrada para conhecermos aquilo que falta para melhorarmos a construção de todos os pilares em nossas vidas.

Se você acredita que realmente o oceano azul é o melhor lugar para o seu empreendimento estar, pense por um instante que no mundo conectado que estamos, nenhum oceano estará azul por muito tempo. Basta você lançar seu produto ou serviço inovador que em breve haverá centenas de outros empresários pescando próximo a você. O que fará diferença será sua capacidade de renovação e aprendizado constante. Mas se você começa em um oceano vermelho, lá também o que fará diferença será sua capacidade de aprendizado.

Gradatividade e Significância

Quando estamos construindo algo em nossas vidas, seja de forma física, seja conceitual, temos a tendência de tentar enxergar o resultado. Construímos um alvo em nossas mentes e tentamos caminhar em sua direção. Vimos um pouco sobre isso quando falamos de construir um propósito. Mas uma variável que precisamos acrescentar nesse contexto é o processo. Jamais saberemos de tudo o tempo todo, por isso o pilar de aprendizado é algo que precisa estar presente em nossas finanças. Como falamos no início deste capítulo, aprender não significa concluir um curso, mas ter a capacidade de reconhecer novos aprendizados a cada dia.

Esse é um processo gradativo em nossas vidas. É preciso ter a humildade de reconhecer que estaremos sempre aprendendo. Salomão recebeu de Deus sabedoria e conhecimento, mas se você ler sua história, suas decisões e convívio eram precedidos de ouvir e buscar o entendimento de cada situação antes de tomar uma decisão. Se formos ansiosos em achar que sabemos de tudo sobre qualquer tema em nossas vidas, estaremos fadados a cometer erros. O próprio Salomão, embora tivesse recebido de Deus sabedoria e riquezas, e ter conquistado muitas coisas durante o seu reinado, ao final da sua vida cometeu erros.

Quando reconhecemos que o aprendizado é uma constante e gradativa jornada em nossas vidas, esse pilar nos dará a humildade de confiar em Deus sempre. Talvez você conheça alguém que se orgulhe em ser estudioso. Essa pessoa com certeza não se orgulha de ser um aprendiz, mas do conhecimento que ela acha que carrega. Ter um pilar sólido de aprendizado, ao contrário, nos ensina a cada dia que sabemos menos. Que há um universo criado por Deus e que somente Ele é conhecedor de todas as coisas.

Os primeiros passos nessa caminhada envolvem-se com o entendimento das suas fontes de conhecimento e a familiarização com a busca constante por conhecimento. Como já comentamos, atualmente temos diversas fontes de informação, mas boa parte delas só retroalimenta aquilo que já é do nosso conhecimento. Precisamos estar atentos aos passos que estamos tomando, e de qual a fonte estamos alimentando. Por essa razão que o alinhamento entre os pilares bíblicos que estamos trabalhando neste livro nos ajudam a manter uma construção constante, mas sólida para nossas vidas financeiras.

Nossa caminhada em direção ao aprendizado deve ter um significado e a noção de que é gradativo. A significância está atrelada ao nosso propósito. Se Deus colocou em suas mãos algum projeto, busque aprender sobre ele todos os dias da sua vida. Haverá sempre algo gradativo a ser revelado por Deus nesse sentido. Busque ter claro o seu propósito, não o resultado daquela ação. O fim da sua jornada só terá relevância se você caminhar na direção que Deus te colocar.

Estudo formal e continuado

No universo do conhecimento existem duas modalidades de aprendizado predominantes: o aprendizado formal, tipicamente associado a escolas e faculdades, e o aprendizado livre, que engloba autodidatismo e os estudos livres disponíveis na internet. Embora compartilhem a finalidade do aprendizado, existem diferenças entre eles, bem como suas próprias vantagens e desvantagens.

O aprendizado formal ocorre em instituições de ensino como escolas e universidades. Isso é estruturado, conduzido por profissionais capacitados e segue um currículo prescrito que culmina na obtenção de uma qualificação reconhecida. A estrutura do aprendizado formal oferece um ambiente controlado onde os alunos têm acesso direto aos educadores e a um ambiente de aprendizado definido. Além disso, o processo de avaliação regular pressupõe um acompanhamento construtivo do progresso do aluno, que normalmente fica a cargo da escola (empresa) que administra, e normalmente é acompanhado pela padronização de algum órgão governamental.

No entanto, o sistema de educação formal vem sendo frequentemente criticado por sua rigidez e falta de personalização no ensino, com a alegação de que alunos diferentes têm ritmos, estilos e interesses de aprendizado diferentes, o que raramente é personalizado no sistema formal.

Por outro lado, o aprendizado livre refere-se ao processo de aquisição de conhecimentos ao longo da vida. Graças à evolução tecnológica e à ampla disponibilidade de internet, a aprendizagem contínua é cada vez mais frequentemente realizada por meio dos estudos livres disponíveis on-line. Plataformas digitais oferecem uma variedade de cursos em diversas áreas do conhecimento.

Essa modalidade permite que cada indivíduo aprenda ao seu próprio ritmo. Além disso, oferece flexibilidade de tempo e espaço, pois pode ser realizado em qualquer lugar e a qualquer momento.

Tanto a aprendizagem formal como a livre têm um papel crucial no desenvolvimento dos indivíduos e na sociedade. A escolha entre uma ou outra depende em grande medida das necessidades, objetivos e circunstâncias individuais de cada aprendiz. O importante é que, em uma época de rápida mudança e avanço tecnológico, os métodos tradicionais de educação estão se fundindo com a aprendizagem on-line para criar uma experiência educativa mais personalizada e acessível.

A reflexão que trago aqui é sobre o fato de que ambas essas modalidades têm um suposto início, meio e fim. Para quem já liderou alguma equipe de profissionais no segmento de tecnologia sabe que há uma preferência pelo aprendizado livre em razão da velocidade com que se pode iniciar e concluir um estudo. O objetivo se torna exibir seu certificado de conclusão, mesmo que a absorção seja sabidamente baixa. A alegação é sempre que as tecnologias mudam, e não vale o investimento de tempo e dinheiro no aprofundamento de um tema, pois ele irá mudar.

Essa ideia sobre a volatilidade do conhecimento acaba por alimentar o imediatismo e a superficialidade no aprendizado, mas alimenta também a busca pelo conhecimento atrelada a resultados momentâneos. Pessoas nesse contexto não querem mais conhecer em profundidade nenhum tema, buscam apenas extrair algum resultado financeiro pela exploração de alguma novidade e partem para outra estratégia.

Aos poucos esse tipo de pensamento nos afasta de construir um pilar de aprendizado, pois embora vamos buscando sempre uma informação nova para que possamos explorar financeiramente, vamos perdendo nossa capacidade de transformar essas informações em conhecimento. Para contextualizar essa situação, imagine que sempre que alguma empresa lançar uma versão de determinado software, você seja o primeiro a mergulhar nos detalhes para conhecer todas as novas funcionalidades. Se essa empresa deixar de lançar novas atualizações ou se a uma concorrente lançar uma nova ferramenta que nos anúncios estejam dizendo que é melhor, você tenta ser o primeiro a adquirir e conhecer. Observe que nessa situação você estará sempre sendo guiado pela estratégia de pessoas que talvez você nem conheça, e nunca será protagonista de algo que você tenha produzido com o seu próprio conhecimento.

Pode parecer simples ou sem sentido, mas quando cauterizamos nossa mente para um aprendizado raso e imediatista, vamos nos afastando de Deus. No livro de Jeremias, o profeta registra que vamos encontrar a Deus quando buscarmos de coração. Se nossa mente for treinada para cada dia sermos superficiais e só estudarmos aquilo que trouxer algum resultado imediato, vamos nos afastando Dele a cada dia.

Quando falamos de um pilar de aprendizado, não nos apegamos ao fato de ser um aprendizado formal ou livre, mas em ter uma mente aberta a aprender e reconhecer que somos limitados. A disciplina do aprendizado é mais que concluir um curso, é necessário completar um objetivo de conhecimento que você precisa, não apenas aquele que te vendem.

Harmonia do conhecimento

Precisamos compreender aquilo que entra em nossas mentes, pois isso forma a base das nossas decisões. Há uma infinidade de informações que são dispostas como se fossem conhecimento, mas que podem não harmonizar com o foco que precisamos dar em determinadas áreas das nossas vidas. Muitas pessoas perdem o foco de suas finanças porque não conseguem compreender seus limites ou a direção dos seus próprios passos.

Quase tudo o que fazemos carrega uma grande carga das nossas experiências passadas. Imagine que ao realizamos nossas ações no âmbito financeiro vamos replicando nossas próprias expectativas e com isso vamos inflando nossos próprios erros ou fracassos.

O princípio do aprendizado é estarmos abertos para aquilo que pode influenciar os resultados do que planejamos. Veja bem que não se trata do conceito que hoje se difundiu na sociedade, onde todos somos instruídos a aceitar toda e qualquer mudança ou diferenças, sob o discurso de um processo de aceitação e inclusão social. Quando esse processo é colocado de forma impositiva, torna-se contraproducente no processo de aprendizado, pois vai eliminando nossa capacidade de pensamento crítico.

Como já falamos anteriormente, não se trata de aprender técnicas de como fazer. Embora a Bíblia nos traga alguns exemplos históricos, é certo que algumas dessas técnicas nem podem ser mais aplicadas pelos contextos sociais da época. A forma como a sociedade organiza suas relações, seus comércios foram sendo harmonizadas para a realidade de cada época. Por exemplo, as práticas de comércio da época de Cristo não são mais as mesmas de hoje. Entretanto, os princípios ensinados por Cristo sobre transformar a igreja em um comércio certamente permanece. O ponto é precisamos captar os princípios que Deus quer nos ensinar por intermédio da sua palavra, e harmonizar esses princípios na nossa forma de negociar atualmente.

Esse ponto parece ser simples de entender, pois é comum defender valores e princípios atualmente. Mas é fato que alguns princípios embora aceitos socialmente, não harmonizam com o que a Bíblia nos ensina.

Muito provavelmente você alguma vez já ouviu a expressão "aprender a aprender". O problema é que muitos buscam fontes das mais diversas possíveis para aprender algo novo, mas não conseguem compreender que muitos dos conhecimentos disponíveis são apenas fragmentos de alguém que também está na busca por sabedoria.

Onde você busca conhecimento é o primeiro Passo. Buscar na Bíblia é algo fenomenal, pois se você acredita que o criador do universo tem o poder de sustentar sua própria criação, conhecer os princípios que Deus revelou para nós em todas as áreas da nossa vida é algo surpreendente. Buscar esses princípios na sua palavra e harmonizar como a forma como construímos nossos pilares no campo financeiro é o que estamos tentando fazer neste livro.

Ouvindo as perguntas difíceis

A arte de ouvir é a base do aprendizado. A partir de uma perspectiva cristã, somos constantemente encorajados a ouvir com atenção, buscando ver além das letras e das palavras diretas. No entanto, no mundo agitado que vivemos atualmente, essa capacidade de ouvir é muitas vezes posta à prova sob o peso de perguntas difíceis e decisivas para decisões emergenciais.

Por exemplo, considere uma *startup* que está apresentando seu projeto a investidores. Além da descrição técnica dos serviços ou produtos, o empreendedor precisa estar preparado para perguntas mais profundas — perguntas sobre sua motivação, sobre a sobrevivência da *startup* em cenários adversos, sobre a estratégia de expansão. Essas não são perguntas triviais para responder e, muitas vezes, exigem uma profunda introspecção e compreensão de si mesmo e da empresa.

Quando investidores questionam a motivação de um empreendedor por exemplo, não estão buscando uma resposta rápida ou superficial. Perguntas como "Por que você acredita neste projeto?" e "Qual é a verdadeira paixão que te move?" são indagações que forçam o empreendedor a refletir sobre sua jornada e seus valores. É por meio dessas questões que o empreendedor alcança um maior entendimento da própria empresa.

Essa é uma oportunidade de aprendizado — um momento transcendente que vai além da simples necessidade de garantir o tão sonhado aporte financeiro. As perguntas difíceis são uma ocasião para o empreendedor se conectar com a essência do seu negócio, reavaliar suas metas e fortalecer suas motivações. Mas normalmente fazemos essas reflexões somente quando somos pressionados a fazê-las.

Lidar com perguntas difíceis é tanto um desafio quanto uma necessidade para aprimorar nosso aprendizado. Cada questão, por mais complexa que seja, traz consigo uma oportunidade de aprendizado e crescimento. Assim como na fé cristã, onde as provações moldam o caráter e fortalecem a confiança em Deus, no mundo das finanças as perguntas difíceis ajudam a reforçar a nossa resiliência e firmarmos nossos passos em um caminho mais seguro. E sempre é importante lembrar que, por trás de cada pergunta difícil, há uma resposta que nos aproxima de nosso propósito e do sucesso que sonhamos alcançar.

Precisamos aprender a nos questionarmos sem vieses de conhecimento. Quando estamos confortáveis em nossa caminhada, nossos questionamentos normalmente carrega um viés de informação que tenta validar aquilo que desejamos. Assim como comentamos sobre os recursos das redes sociais que retroalimentam os grupos com afinidades, nossa mente trabalha na mesma direção, buscando sempre validar um caminho mais fácil.

Seja grato, sem ilusão

A gratidão é um dos princípios da vida cristã e é determinante para o sucesso no mundo empresarial. É uma atitude de reconhecer aquilo aprendemos ou recebemos, nos ajuda a apreciar as bênçãos que foram acrescentadas em nossas vidas pessoais ou empreendimento. No entanto, em meio à gratidão, há o cuidado para não cairmos na ilusão, acreditando que tudo sempre ocorrerá de acordo com nossas vontades ou expectativas, ignorando os desafios e as realidades da vida e do empreendedorismo.

Ser grato não significa ignorar as dificuldades. A gratidão tem a ver com apreciar as boas coisas da vida, sem desvalorizar os desafios que enfrentamos. Tanto no âmbito pessoal quanto no empresarial é essencial sermos gratos pelos avanços e vitórias alcançadas, mas também devemos estar cientes dos obstáculos e desafios que precisamos enfrentar. Quando somos gratos, mas também realistas, conseguimos apreciar as bênçãos e as oportunidades que recebemos sem perder a perspectiva dos desafios que nos aguardam. Dessa forma, estamos melhor preparados para enfrentar os obstáculos com força e determinação.

É comum vermos o discurso de que algum erro na vida ou nos negócios lhe proporcionaram algum aprendizado. Embora alguns até se arrisquem a agradecer pela queda, pois fará com que não caiam novamente naquele erro, sabemos que a grande maioria desses discursos é mais de orgulho do que realmente de gratidão.

Mas o ponto que queria chamar atenção aqui é para o aprendizado. Realmente somos gratos quando uma situação nos ensina algo novo que possamos melhorar nossa forma de reagir a determinado evento. Entretanto, o que vemos na grande maioria das vezes são pessoas que classificam como aprendizado a suposta descoberta de um caráter negativo da outra pessoa ou do concorrente. Raramente olhamos para nós mesmos e tentamos aprender onde estão as nossas falhas para que aquela situação ocorresse.

Precisamos ser gratos sempre que aprendermos algo novo, mas precisamos filtrar se realmente aprendemos, ou se estamos apenas retroalimentando nossas crenças.

Aprendendo a ajustar o que aprendeu

Ao longo de nossas vidas, parecemos aprender continuamente o caminho errado de fazer as coisas. Pode parecer contraditório, mas em resumo esse é o conceito de experiência na vida. À medida que o tempo avança e amadurecemos nossas ideias, aprendemos a desenvolver habilidades ou realizar tarefas de forma mais eficiente. E a realidade é que começamos a reconhecer que as maneiras como procedíamos anteriormente estavam equivocadas. Embora possa não se caracterizar com uma falha, ao descobrir um novo caminho, um processo mais rápido, uma forma que consuma menos recursos etc., estamos assumindo que o passo anterior não era o melhor.

De fato, com o tempo, deixamos para trás nossos conceitos rudimentares e continuamos a avançar gradativamente no vasto campo do conhecimento. Esse é um fenômeno que não se limita a uma única esfera da vida, mas permeia todas, inclusive o setor das finanças. As decisões que tomamos hoje divergem das atitudes adotadas anteriormente e, às vezes, ao olhar para trás, nos questionamos sobre as ações passadas.

Essa é uma percepção que normalmente temos sobre nossas habilidades pessoais, mas raramente temos alguma noção de evolução sobre princípios e valores pessoais. Quando falamos sobre nossos pilares pessoais, não esperamos que seja algo volátil que altere conforme mudam as estações do ano, mas o fato é que estamos suscetíveis a mudanças involuntárias.

Todo ser humano tem uma característica de buscar ser aceito no convívio em sociedade. Quando nós não ajustamos nossas métricas de aprendizado para filtrar aqueles princípios que precisamos considerá-los imutáveis, abrimos brecha para adaptar muito mais que simples habilidades, mas vamos nos moldando ao mundo à nossa volta.

Quando focamos em construir nossos pilares à luz da Bíblia, aprendemos que os ajustes de habilidades poderão ocorrer a todo momento em nossas vidas, e até mesmo os princípios e valores que cultivamos podem ser lapidados. Mas diferentemente de nos moldarmos para sermos aceitos no convívio social, ajustamos nosso aprendizado para aquilo que Deus estabelece.

O que é realmente fascinante é a inevitável percepção de que sempre haverá algo para aprender quando estudamos a Bíblia. Se em algum momento você tiver a percepção de não precisa ajustar nada, amplie seu processo de escuta ativa, pois certamente há algo novo que Deus queira te apresentar.

Orgulho e acomodação

> *O orgulho leva a pessoa à destruição,
> e a vaidade faz cair na desgraça.*
> *(Pv. 16:18)*

Talvez seja fácil convencer alguém que o orgulho e a soberba sejam um pecado ou uma falha de caráter. Se tornou senso comum que as características de alguém orgulhoso são ruins para o convívio em sociedade. Então, se você parar qualquer pessoa na rua e perguntar se ele acredita ser orgulhoso, ou se ela acredita que o orgulho é uma virtude, é provável que 100% das pessoas respondam igualmente que essa é uma característica ruim.

No entanto, é comum ver pessoas que consideram que não precisam mais continuar aprendendo. Os cursos universitários, por exemplo, delimitam um campo de atuação, e talvez 80% do conteúdo é direcionado para a linha de conhecimento que se conecta com o curso. Os outros 20% são relacionados às linhas de conhecimento mais abrangentes. Como professor para o curso de ciências contábeis, foram inúmeras vezes que alunos me questionaram a razão de ter na grade curricular disciplinas como psicologia, língua portuguesa, lógica, entre outras que pareciam apenas preencher lacunas da grade para completar o tempo do curso. Alguns desses alunos alegavam que já trabalham na área e que esses conhecimentos nunca eram utilizados. Embora não fosse parte do conteúdo do programa da minha disciplina, sempre que eu escutava esse tipo de questionamento eu reservava um tempo das minhas aulas para mostrar como as relações entre os diversos campos do conhecimento era importante para a atuação profissional. Embora estivessem se preparando para atuar no campo financeiro, envolveria escritas de relatórios, precisariam criar relacionamentos como outras pessoas, ter um pensamento ágil para resolver problemas no escritório, ou seja, a execução das nossas atividades não incluía apenas fazer cálculos financeiros, era preciso ter uma visão abrangente do que havia ao redor.

Esse exemplo ilustra bem como as pessoas carregam o orgulho de achar que são suficientes em diversas áreas, que o aprendizado é desnecessário. Essa ideia pré-concebida de que somos bons em algumas áreas nos leva a parar de aprender, pois normalmente nos fechamos para conceitos que julgamos estar prontos.

A acomodação que vemos em alguns profissionais é retroalimentada pelo próprio orgulho. Aqueles que acham que já estão prontos para o mercado, ou que são tecnicamente superiores a outros que conseguem comparar, se acomodam em não continuar buscando conhecimento. A falta de uma atualização constante também provoca uma cegueira sobre suas próprias deficiências, de modo que alimentam o orgulho de achar que é mais do que realmente é. Esse é um círculo vicioso que só é quebrado quando a pessoa abre sua mente de forma humilde e busca com profundidade por um aprendizado constante.

Infelizmente o orgulho e a soberba são uma característica que é enraizada em nosso coração, e precisamos apará-la a cada dia, pois se descuidarmos ela cresce e vai produzindo rachaduras em nosso pilar de aprendizado.

Capítulo 7

Relacionamento

*Quem anda com os sábios será sábio,
mas quem anda com os tolos acabará mal. (Provérbios 13.20 NTLH)*

Considero que o Relacionamento seja é o pilar mais agradável de ser construído, mas também aquele no qual podemos entender que é Deus quem está no controle de tudo que ocorre em nossas finanças. Se analisarmos com atenção tudo que recebemos ou tudo o que gastamos, tem origem em relacionamentos. O termo finanças atualmente carrega o sentido da prática como o dinheiro é utilizado, mas a origem de todo recurso que é colocado em nossas mãos para administrar ele tem origem em algum relacionamento.

Para aqueles que conhecem os ensinamentos da Bíblia, sabe que Deus é dono de tudo que existe na terra; bens, riquezas e animais foram criados por Ele. Mas quando Ele planejou o homem, ele decidiu nos criar a sua imagem e semelhança e se relacionar conosco.

A Bíblia é um manual de instruções que Ele nos deixou com as histórias daqueles que viveram na terra ao longo dos anos. Hoje podemos aprender com os personagens de diferentes épocas que aqueles que tiveram mais sucesso naquilo que empreendiam eram os que buscaram se relacionar com Deus e com os que estavam à sua volta.

Ao voltamos nosso olhar exclusivamente para as finanças nos dias de hoje, também chegamos à conclusão de que tudo começa em um contrato, que nada mais é do que o acordo sobre a forma com que nos relacionamos com outra pessoa. Embora as empresas façam uma departamentalização, onde quase sempre os relacionamentos com outras empresas ou pessoas seja delegado para os departamentos de compras e vendas, o resultado dos contratos se desenrola sempre em um contrato com resultado financeiro.

Quando se fala do segmento industrial, as relações entre empresas ficam acentuadas pois normalmente estão baseadas em um modelo B2B (Empresa para Empresa). Já nas empresas do segmento do Comércio, em especial nas vendas de varejo, a visão de contratos começa a se perder, pois a cada dia as compras são realizadas de forma mais direta e rápida possível para facilitar a experiência do usuário. Mas em ambos os segmentos o foco é sempre gerar o melhor relacionamento com a outra parte para otimizar a escassez de tempo que o mundo vive hoje.

Com o avanço das tecnologias que simplifica e reduz o tempo de relacionamento entre as pessoas, muitos dos contratos são firmados de forma padronizada, sem que haja um contato que possa aprimorar os relacionamentos entre as pessoas, sejam elas indivíduos ou empresas.

Ao longo da minha jornada em empresas de consultoria fiz minha carreira na área técnica das finanças, onde meu papel era executar as análises e escrever relatórios. Em um determinado ponto desse processo tive que aprender a conquistar meus próprios contratos. Apesar de ainda atuar na função técnica, no cargo que havia chegado recebi a incumbência de também gerenciar os contratos atuais e ainda prospectar novos clientes. Quem já passou por isso sabe que é preciso mudar radicalmente a mentalidade de tarefas e processos, e focar em pessoas.

Embora para bens de consumo pareça ser mais fácil, onde podemos aprender algumas técnicas de marketing e persuasão para encantar um possível cliente, o que determina a recorrência e uma permanência por longo tempo é a confiança. E sem a construção de relacionamento essa confiança não é gerada.

Certa vez um empresário que estava começando seu negócio também na área de prestação de serviços me procurou para implantar alguns processos em sua empresa. O negócio do empresário já existia há alguns anos e não havia tracionado como esperado, ele buscava um recomeço da empresa, com uma nova sede, nova marca e em especial novos clientes. Nesses novos processos, ele desejava usar as tecnologias disponíveis que pudessem agilizar ao máximo o contato inicial com o cliente. Nas minhas análises eu busco sempre tentar entender as intenções para poder aplicar as melhores soluções, e nesse caso sua análise era realmente reduzir ao máximo o tempo de relacionamento com o cliente.

De fato, as tecnologias permitem um distanciamento das relações, de forma que as operações de compra e venda possam ser totalmente self-service. Mas no caso desse empresário, expliquei que havia uma diferença muito grande entre ser ágil na resolução de um problema do cliente, e se relacionar de forma rápida. Esse é o ponto que difere as empresas que têm sucesso na automatização de processos, daquelas que embora se utilizam de diversas tecnologias, mas fracassam.

O relacionamento precisa existir para que seja construída a confiança, e com isso um contrato de longo prazo possa ser formado. Como falamos, as finanças são apenas um resultado dos relacionamentos de compra e venda que realizamos diariamente. Mesmo que você seja um funcionário de uma empresa qualquer, sua carteira de trabalho é o contrato de venda do seu tempo e dedicação por aquela empresa. Por melhor que você seja, se você não construir relacionamentos, dificilmente conseguirá evoluir em seu trabalho.

Algumas pessoas têm mais facilidade do que outras para construir relacionamentos. Se você tem dificuldade nesse sentido, busque se aproximar e conhecer a Deus. Você vai entender que somos feitos à Sua imagem e semelhança, e que relacionamentos são um processo que precisa ser construído de forma despretensiosa e genuína. Precisamos mudar nosso pilar de relacionamento de forma genuína para que consigamos construir algo que suporte nossas finanças. Buscar a confiança de alguém e de algum cliente apenas pensando nos recursos que eles possam dar é construir sua casa sem uma fundação firme.

Sabedoria no relacionamento

Nos dias atuais, há um volume muito grande de informações disponíveis para quem desejar obtê-la. A transformação dos dados em conhecimento se tornou tão valiosa que se popularizou um ditado entre executivos que diz que os "dados são o novo petróleo". Saber utilizar esses dados e transformá-los em conhecimento útil se tornou uma mercadoria que é comercializada como algo valioso.

Por outro lado, de forma bem simplista podemos definir a sabedoria como saber aplicar de forma prática o conhecimento acumulado. Nesse sentido, há uma infinidade de variáveis a serem consideradas, pois a construção da sabedoria será feita sob o pilar do relacionamento. Diferentemente de atributos como caráter, resiliência, empatia e criatividade, a sabedoria vai sendo moldada pela forma do nosso relacionamento com o mundo externo.

É comum lermos a Bíblia para pinçarmos versos que fazem sentido para aquilo que queremos aplicar. No contexto da sabedoria, o livro de Tiago no seu primeiro capítulo tem um exemplo no verso 5 que diz: "Mas, se alguém tem falta de sabedoria, peça a Deus, e ele a dará porque é generoso e dá com bondade a todos" (NTLH). Muitos pedem a Deus sabedoria como se fosse uma dádiva isolada de qualquer relacionamento. Observe que Tiago nesse verso utiliza a conjunção "Mas" — em outra versão é traduzida com a palavra "Porém" — conectando aos versos anteriores sobre termos fé em Deus ao passarmos por provações. A sabedoria é construída a partir dos relacionamentos que temos, porém se ainda assim não conseguir, peça a Deus que lhe acrescente.

Talvez você conheça alguém que tenha obtido muito conhecimento, mas que age de forma imprudente em muitas situações. Ficamos nos questionando como pode alguém que domina o conhecimento de alguma área específica agir como tolo em decisões do cotidiano. Esse tipo de situação não é incomum. Ocorre que algumas pessoas constroem seu pilar de aprendizado desconecto dos demais. Como já falamos, o pilar do Aprendizado precisa ser construído com a Generosidade, Integridade, Propósito e Relacionamento. Se todo conhecimento for construído sem uma base de relacionamento e generosidade, por exemplo, é impossível que a aplicação desse conhecimento possa surtir algum efeito positivo.

Os versos do rei Salomão em Provérbios também remetem a sabedoria ao relacionamento, quando ele diz que "Aquele que anda com os sábios será cada vez mais sábio, mas o companheiro dos tolos acabará mal". O verbo andar remete à construção do relacionamento com pessoas sábias. Esse é um processo, e não algo adquirido de forma pronta. Observe ainda que a locução "cada vez mais" denota esse processo construtivo e gradativo que qualquer relacionamento tem.

Ser sábio não significa ser o mais esperto que o próximo, ou ter mais conhecimento que outras pessoas. A verdadeira sabedoria consiste em trazer sua melhor experiência ao próximo. Essa verdade é descrita também por Tiago no capítulo 3, quando ele faz o seguinte questionamento: *"Existe entre vocês alguém que seja sábio e inteligente? Pois então que prove isso pelo seu bom comportamento e pelas suas ações, praticadas com humildade e sabedoria".*

Tornou-se comum pessoas que buscam sabedoria apenas para se destacar sobre as demais, alimentando o próprio ego. A busca por reconhecimento e obtenção de vantagens sobre as demais é um desvio de foco que distancia ainda mais de relacionamentos que são pilares para resultados em suas finanças.

Um detalhe importante que às vezes passa despercebido por nós é o fato de que nos tempos dos reis na Bíblia, parte da riqueza dos diversos reinados era obtida por meio de guerras e conflitos por espaço territorial. Como resultado dos conflitos, os vencedores se apropriavam de bens e escravos. O rei Davi foi conhecido por ser um exímio guerreiro, mas quando olhamos para Salomão seu filho, vemos que ele conquistou muito mais do que precisava sem ter travado muitas guerras. O significado do seu próprio nome era "pacificador". O relacionamento foi a chave do seu reinado, e sua sabedoria lhe permitia criar relacionamentos que geravam recursos para o seu reino e até mesmo para aqueles que com ele conviviam.

Comunicação

Uma boa comunicação desempenha um papel essencial em todas as formas de relacionamento, incluindo a gestão financeira. O manejo de finanças pode ser fonte de tensão em diversas situações, por isso, manter um diálogo claro e honesto pode aliviar consideravelmente essas pressões. A comunicação, nesse sentido, vai além da simples troca de palavras, e inclui um relacionamento transparente e honesto, ampliando, dessa forma, a capacidade de tomar decisões financeiras de maneira coletiva.

No contexto dos relacionamentos, a transparência na comunicação é uma estratégia preventiva, auxiliando na prevenção de mal-entendidos que podem levar a conflitos e estresse. Ademais, uma comunicação eficaz facilita a tomada de decisões importantes. Se você já precisou participar da definição de metas financeiras a longo prazo em alguma empresa, sabe que esse é um processo que demanda diversas análises e decisões difíceis, pois impacta pessoas e departamentos. Então, quando há uma boa comunicação nesse processo, por exemplo, os riscos de conflitos por algum departamento ou pessoa não terem sido atendidos a contento é muito menor. A comunicação ajuda a trazer um sentido de propriedade e comprometimento a todos os envolvidos, fortalecendo a coesão social.

Para que tudo funcione adequadamente no campo das finanças, é necessário cultivar um ambiente propício para o diálogo, delinear metas claras e ter paciência para entender diferentes perspectivas. A união de uma comunicação efetiva e uma gestão financeira sábia podem trazer estabilidade e harmonia para qualquer ambiente social.

Como temos falado dos pilares que precisamos construir para nossas finanças, é importante perceber que a comunicação, por ser uma das matérias-primas do relacionamento, também exerce um papel importante na construção dos demais pilares.

Antes de seguirmos, é preciso compreender que a comunicação não é algo de uma via única. Não diz respeito àquilo que eu faço exclusivamente, mas na relação que tenho com o próximo. Entender esse processo talvez seja o primeiro passo para destravar muitos conflitos. No sentido etimológico da palavra, comunicação traz em si o ato de tornar comum, de partilhar algo. Sabemos que com isso que a nossa fala representa apenas uma parte da nossa comunicação. Nossas expressões, nossa postura e inclusive o nosso silêncio pode carregar uma informação que queremos transmitir.

Trazendo para um contexto social mais amplo, a comunicação inclui também as respostas que recebemos quando compartilhamos algo. É nesse sentido que precisamos olhar o conceito de comunicação. Ao partilhar algo, devemos ter nosso olhar para o próximo, e imaginar de forma antecipada qual será o impacto que será gerado com aquilo que estamos compartilhando. Isso não significa que devemos evitar dar notícias ruins ou difíceis, mas que toda nossa comunicação precisa estar alinhada com os pilares da generosidade, integridade, propósito e aprendizagem, pois será dessa forma que fortaleceremos o pilar do relacionamento.

Se nos mantivermos conscientes dessa nossa responsabilidade e tivermos nossos pilares construídos de forma sólida, o processo de construção de nossas finanças será automaticamente mais saudável, pois como já falamos anteriormente, tudo que envolve as finanças inclui relacionamento entre duas partes, e para que esse relacionamento perdure por muito tempo, é preciso que haja uma boa comunicação.

Mantendo as aparências

Vivemos em um tempo em que o mundo está hiperconectado. O que antes a distância e o tempo limitavam o convívio entre pessoas que fisicamente estão em outras regiões do país ou do mundo, foram sendo aproximadas pelo uso da tecnologia. As relações humanas foram aos poucos sendo substituídas por aplicativos de redes sociais em que é possível se relacionar com um volume muito maior de pessoas ao mesmo tempo.

Sempre que falamos desse tema, iniciamos uma discussão sobre a fragilidade dessas relações, já que as conexões virtuais não permitem de fato um convívio real. Cenários são construídos ao fundo para que pareçam mais bonitos do que realmente são. Sorrisos são ensaiados para que as fotos possam exalar uma felicidade que não existe.

Muitas vezes nossas críticas se limitam ao fato de que algumas pessoas tentam se apresentar em condições melhores do que realmente são, vestindo ou portando algum bem de valor, na tentativa de serem aceitos pelo grupo em que estão inseridos. Isso no mundo virtual ou real.

Tudo isso é frágil e ruim, mas o ponto mais importante que precisamos falar é sobre o pilar do relacionamento. Atualmente o número de conexões se tornou como um adorno, assim como uma roupa bonita ou um cenário inspirador. A quantidade de amigos foi perdendo importância para o número de seguidores, e para que isso acontecesse, nossa mente foi sendo moldada para nos tornarmos um atrativo de seguidores.

Há três coisas que acontecem com essa mudança de foco. A primeira é que vamos nos tornando superficiais, passando a entregar apenas um produto construído para conquistar a atenção do outro. Nesse ponto a generosidade é colocada de lado dando lugar para o eu. O segundo ponto é que muitas vezes entramos num esgotamento mental e físico, correndo na direção de um ideal que muitas vezes foi construído por um *influencer* que não vive aquilo.

O terceiro efeito é a perda da nossa capacidade de relacionar. Como mencionei, a busca por construir uma aparência melhor está relacionada à tentativa de ser aceito pelo grupo, e de certa forma é algo que acontece por uma característica da mente humana, e em certa medida todos nós temos essa mesma necessidade. O ponto é que ao maximizar essa única característica o pilar do relacionamento no sentido de estabelecer uma ligação entre pessoas vai se perdendo, pois, cada um passa a ter o foco em si mesmo. A busca da conquista de atenção e seguidores passa a ser o propósito central, e não mais a conexão com pessoas.

Certa vez uma empresa em que atuei como consultor me convidou para assumir a cadeira de diretor por cerca de 6 meses. A proposta era que eu conduzisse a transição de uma equipe inteira de finanças, em função em um complicado desligamento que havia ocorrido dias antes. Essa empresa era parte de uma multinacional de grande porte que tinha uma filial brasileira, mas que as caraterísticas da legislação fiscal e tributária brasileira requeriam que os controles fossem implantados de forma exclusiva aqui na unidade local.

Essa transição foi necessária por ter se iniciado uma acirrada disputa de egos, e pautados na premissa de gerar resultados a qualquer custo, ocasionou com que alguns diretores entrassem em uma discussão sobre a veracidade dos resultados obtidos no passado e eventuais fraudes, culminando assim no desligamento de quase toda uma equipe financeira da empresa.

Nesse período, o diretor que ficou responsável por reestruturar a empresa e gerir a retomada dos negócios comentou comigo que gostaria muito que eu assumisse definitivamente uma das cadeiras da diretoria da empresa, mas que eu precisaria ter um perfil mais altivo e arrogante para me encaixar no personagem de quem normalmente assume aquela cadeira.

Pois bem, o processo de transição se estendeu por quase um ano e desempenhei o meu papel como consultor, reformulando alguns controles internos e financeiros que garantiram uma maior segurança contra os erros e fraudes do passado, e segui minha jornada. Embora tenha realizado uma passagem de conhecimento, não acompanhei o processo de escolha da nova equipe — que de fato levou em consideração a altivez dos candidatos.

Anos depois desse projeto, reencontrei com o diretor daquela empresa para falar de outro projeto que ele estava conduzindo, e não foi surpresa para mim que o perfil daqueles candidatos que foram escolhidos na época levassem a uma nova briga de egos. O que chamou atenção nessa conversa foi o relato do diretor dizendo que o período em que a empresa esteve em melhor situação foi o ano que eu estive lá. Eu tenho certeza de que não é o conhecimento técnico que eu aplico no exercício das minhas atividades, mas os pilares que construo para os projetos em que atuo.

Um dos pontos mais críticos nessa situação era justamente o pilar do relacionamento. Com diversos profissionais com perfil egocêntrico, a cultura da empresa vai sendo moldada para ilhas de departamentos, onde cada um tem suas próprias verdades e razões de existir. Em especial na área de finanças em que apenas administra os recursos de toda a empresa, quando se perde a capacidade de relacionamento as decisões passam a ser voltadas para manter sua própria aparência profissional.

Quando as pessoas perdem essa capacidade de se relacionar, ou quando passam a manter o foco em si mesmo, é como uma planta que perde sua raiz. Conforme o tempo passa, o impacto que a falta de relacionamento traz é uma escassez em diversas outras áreas da vida, incluindo a área financeira.

Observe que não estou construindo a ideia de que todos os que se destacam de forma midiática vivem exclusivamente de aparência, ou mesmo que não se importam com o relacionamento com pessoas. Compete a cada um fazer sua própria autoavaliação e compreender suas reais intenções em relação às pessoas à sua volta. A reflexão que precisamos fazer é se realmente estamos buscando nos relacionar com pessoas, ou se nossa intenção é apenas a criação de um cenário que possamos nos destacar, imaginando que isso irá nos trazer algum retorno financeiro.

Relacionamentos duradouros

Para não perdermos o foco, a premissa que estamos trabalhando sob o pilar de relacionamento é o fato de que a construção desse pilar é que nos conecta com pessoas. No modelo econômico que vivemos atualmente, sempre que falamos de finanças, precisaremos estar de alguma forma conectados a outras pessoas, seja para comprar, para vender ou ambos.

Por mais que vivamos em grande escala em relacionamentos virtuais, precisamos criar conexões duradouras para que consigamos prosperar financeiramente. Mesmo empresas de varejo em que a forma de negociação é extremamente curta — *take and go* — buscam construir alguma forma de criar algum vínculo para que cresça algum relacionamento. Esse segmento de empresa, em especial, tem passado por uma grande reestruturação no seu modelo de negócio, pois se viu em dificuldades ao ver boa parte de seus negócios ser engolido pela realidade do comércio virtual.

As empresas adotam diferentes estratégias para atrair a atenção dos clientes e com isso construir algum vínculo duradouro com eles. Essas estratégias passam por campanhas de marketing, promoções nos preços de seus produtos, criação de marcas próprias, entre diversas outras criações que buscam atrair a atenção do maior número de pessoas.

O que antes aparentava ser uma questão apenas de localização estratégica das lojas, em pouco tempo deu o mesmo espaço a concorrentes até mesmo de outros lugares do mundo. O cliente passa de uma loja para outra em poucos segundos. Achar o ponto certo para atrair o cliente para o seu comércio se tornou algo bem mais árduo.

As empresas que já tinham um mantinham o foco em construir um relacionamento com seus clientes, tiveram mais facilidade nessa transição. Mas até que ponto é realmente possível construir um relacionamento duradouro?

Para responder à essa pergunta é preciso sair do contexto de negócio e realmente mergulhar no cenário de relacionamentos, o que vale também se você for a pessoa física que quer se tornar um funcionário (fornecedor) para alguma empresa.

Para construir um relacionamento é preciso manter o foco na necessidade do outro. Olhar suas habilidades e compreender de que forma elas podem ser úteis para ajudar o próximo é o que vai construir relacionamentos duradouros. Precisamos, entretanto, organizar as ideias de manter o foco e diferenciar de oportunismo. Quando falamos em manter o foco na necessidade, não falamos de oportunidade.

É comum ver pessoas ou empresas que estão com uma necessidade específica, que disponibilizam seus produtos para atender àquela demanda específica. De forma bem simplista, imagine que você tenha saído de casa para trabalhar e no meio do caminho comece a chover. Algum vendedor ambulante vendo a oportunidade lhe oferece um guarda-chuvas para comprar. Por mais que o valor não esteja com sobrepreço, esse tipo de relacionamento é de oportunidade e normalmente não é pela preocupação com a sua necessidade.

Se desejamos nos conectar de forma duradoura, precisamos nos focar no relacionamento. Entender de forma plena de que modo nossas habilidades e conhecimentos têm a capacidade de ajudar o próximo. Quando chegarmos a compreensão plena desse conceito, conseguiremos de forma verdadeira construir um relacionamento.

Não existe bom e barato

Certa vez ouvi a frase "não existe bom e barato", e imagino que uma série de palestrantes também a usam. De alguma forma, isso é verdade. A escolha de algo baseado em preço — no menor, nesse caso — quase sempre é uma escolha ruim.

Em um mundo que relativiza toda informação disponível, tudo nos gera dúvidas. Até que ponto isso é verdade? Essa frase faz martelar em nossas cabeças sempre que nos deparamos com alguma opção que avaliamos ser uma aquisição interessante. Se temos uma opção de menor custo, será que vale a pena escolher a com preço mais alto?

Exemplificando essa situação, vejamos o processo de escolha de uma peça de roupa. Essa é uma questão que vai sempre assombrar quem está preocupado em agradar os outros. Ou não lhe passou isso na cabeça? Nesse exemplo, há quem siga o discurso de que a marca não importa, e por isso se vestem de forma mais simplória, mesmo correndo o risco de ser apelidado de avarento.

A questão envolvida aqui é o julgamento que é feito nos dois casos. Podemos acusar quem prefere marcas famosas e produtos caros de ostentação e orgulho. Por outro lado, quem usa marcas baratas podem ser acusados de avarentos e terem apego ao dinheiro. Ambos os casos têm um ponto em comum, que é a natureza humana tentando estabelecer — e em alguns casos impor — a forma de como o outro tem que se relacionar com a sociedade.

A preocupação sobre como o outro pode vir a me enxergar está presente em ambos os casos. Se há uma tentativa de justificar suas escolhas, ou se suas escolhas foram impactadas por como outro te vê, algo já está fora do padrão.

Nesse quesito, ainda há um ponto de vista interessante que temos que abordar. Se ou quando passa pela nossa cabeça uma comparação de preços para definir se aquilo é bom ou não, certamente já entramos em jogo perigoso e, quase sempre, contraditório. Realizar uma avaliação de custo-benefício é diferente de definir a qualidade de um produto com base em seu preço.

Por exemplo, já vi várias e várias vezes pessoas em eventos que ostentam o consumo do vinho mais caro do menu, por considerar que a marca local, por óbvio mais barato, não seria o melhor. Por vezes essas pessoas se perdem nas métricas de comparação em razão dos relacionamentos que estão. É certo que se compararmos dois vinhos, um renomado e caro francês e um local, certamente o mais caro seria o melhor. Mas o que torna a decisão complexa nesse jogo é saber até que ponto a pessoa teria paladar para justificar a escolha do mais caro ao invés de algum intermediário que lhe agrade.

Entretanto, a principal incógnita da variável do relacionamento é responder o porquê escolhemos o vinho ao invés de outra bebida, inclusive água. Ora, se compararmos preços, o vinho sempre será mais caro que água. Mas muitas das vezes a escolha está mais relacionada à aparência que irei causar aos que me cercam e não pela necessidade que tenho.

Observe que não há erro em se adaptar ao ambiente em que se está. Isso também é cuidar do relacionamento. O problema ocorre quando se perde de vista a realidade e constrói algo para impressionar o que estão à nossa volta.

Relacionamento diário

Quando contratamos algum tipo de proteção para nossa casa ou empresa, normalmente buscamos uma empresa que cuide de nós de forma ininterrupta, ou seja, 24 x 7 (24 horas, 7 dias por semana). Quando escolhemos onde morar, ou em que região vamos instalar nossa empresa, realizamos uma média entre custo, segurança e acessibilidade (seja de conveniência pessoal ou de acesso de clientes). No quesito de segurança, as escolhas são sempre difíceis pois sabemos ainda temos que avaliar se essas empresas que prometem fornecer apoio, realmente irão atender de forma tempestiva no momento que precisaremos deles. Ao final, optamos por buscar referências com conhecidos ou sites de avaliação que fornecem algum tipo de ranking de qualidade que possa balizar nossa decisão. Entretanto, ao final desse processo, sempre haverá um ponto de insegurança ou alguma variável que produza alguma dúvida e temos que recorrer a proteções adicionais como franquias de seguro, fechaduras modernas, câmeras e outros apetrechos que façam com que tenhamos uma melhor sensação de segurança. Ocorre que, dependendo de nossas próprias ações, nunca estaremos 100% seguros, tampouco estaremos 100% tranquilos. Sempre haverá alguma incerteza em nossas mentes que nos faz tentar agir de forma a ter mais segurança.

No campo das finanças não é diferente. Por melhor que atuemos na parte técnica, nossa mente sempre apresenta alguma insegurança se o resultado daquela ação ou projeto dará certo. Talvez você já tenha percebido a quantidade de mentores que existem nas redes sociais vendendo conselhos de segurança financeira, dicas de processos milagrosos ou mesmo oferecendo ajuda para caminhar junto contigo para que resultados milagrosos aconteçam. Mas até que ponto alguém é capaz de garantir um relacionamento diário e uma segurança plena em seus resultados?

A Bíblia relata o relacionamento de Deus para conosco de forma permanente. Em um cântico escrito por Davi quando já estava com sua idade avançada, ele relata sua experiência de relacionamento diário com Deus. No capítulo 37 do livro de Salmos, há um trecho que diz:

> *Todos os dias o Senhor cuida dos que são corretos;*
> *a Terra Prometida será deles para sempre.*
> *Quando os tempos forem difíceis,*
> *eles não sofrerão e terão*
> *o que comer em tempos de fome.*
> (Salmos 37:18-19 – NTLH)

Veja que essa é também uma promessa de relacionamento de Deus com aqueles que mantêm a integridade em seus projetos. Em nossa vida e nossos projetos quando realizamos algo bom somos recompensados ou premiados por uma ação pontual, mas nunca temos a certeza de que aquela recompensa irá se repetir. Outro fator importante a se destacar é que no contexto empresarial não basta seu projeto ser íntegro ou rentável, ele precisa ser melhor que o do seu concorrente. Entretanto, quando firmamos nossos passos no caminho correto, a promessa de Deus para nossas vidas é que ele irá cuidar de nós "todos os dias".

Construa seu caminho

Imagino que você já tenha compreendido que os pilares que construímos são importantes para definir o sucesso financeiro que buscamos alcançar. Mesmo que você não seja uma pessoa cristã, e não siga a Bíblia como regra de fé e prática, quero deixar aqui uma mensagem de encorajamento para que você construa suas finanças sobre esses cinco pilares e experimente uma transformação na sua vida. Embora apresentemos nesse livro o conhecimento bíblico para construir e encontrar os pilares para uma finança próspera, eu desafio cristãos e não cristãos a firmarem seus pés nesses pilares e comprovar que Deus tem o melhor caminho para nossas finanças. O desafio que deixo aqui não é buscar a graça de Deus para que ele conceda seus desejos. Minha perspectiva é de que Deus é o criador de todas as coisas, e quando Ele deixa registrado por meio da Bíblia esse conhecimento como um manual de vida, ao aplicarmos esses princípios em nossas finanças teremos uma vida abundante.

Temos diversas outras literaturas seculares que utilizam o conhecimento judaico como fonte de conhecimento para acumular riquezas. Vemos na história que muitos que que imitam os comportamentos conseguem por um tempo acumular grandes quantidades de recursos, mas assim como ganham, em pouco tempo também perdem. O que mostramos ao longo deste livro é que ao construir bases sólidas ao invés de apenas replicar aquilo que está aparente em personagens que alcançaram a prosperidade, teremos condições de ter nossos passos firmes ao longo de toda a nossa vida.

Meu desejo é que muitas pessoas possam comprovar a existência de um Deus criador de todas as coisas pelo resultado da aplicação do conhecimento que foi deixado por Ele há centenas de anos.

De mãos dadas

> Pois eu sou o Senhor, o seu Deus, que o segura pela mão direita e diz a você: Não tema; eu o ajudarei.
> (Isaias 41:13)

Se você chegou até aqui, tenho certeza de que você tem buscado construir seus pilares em uma base firme. Neste último capítulo falamos do pilar do relacionamento, e esse texto do livro de Isaías no capítulo 41 fala justamente do cuidado de Deus sobre o seu povo, e evidencia bem como Ele é um Deus relacional.

Assim como outras promessas que Ele nos deixa por meio da Bíblia, Ele nos apoia sempre que decidimos firmar nossos passos nos seus ensinamentos. Construir nossos pilares com os princípios que Ele nos deixou em seu guia prático é aceitar o seu cuidado e caminhar de mãos dadas com Ele.

Experimente construir suas finanças sob os pilares seguros, e tenho certeza de que Ele irá trazer prosperidade em tudo que você fizer. E parafraseando novamente o texto de Provérbios, coloque diante dele os seus planos, e eles darão certo.

Lista de referências

BÍBLIA NVI. *Bíblia Sagrada* – Nova Versão Internacional. São Paulo: Editora Vida, 2007.

BÍBLIA NTLH. *Bíblia Sagrada* – Nova Tradução na Linguagem de Hoje. Rio de Janeiro: Sociedade Bíblica do Brasil, 2000.

HOUSEL, M. *A psicologia financeira*. Rio de Janeiro: Editora Harper Collins, 2021.

KELLER, T.; ALSDORF, K. L. *Como integrar fé e trabalho*. São Paulo: Editora Vida Nova, 2014.